U0735439

The 10 Pillars of Wealth

Mind-Sets of the World's Richest People

[美]
埃里克斯·贝克尔
（Alex Becker）著

陈 瑾 译

世界顶级富豪的思想集萃

财富的10十大支柱

新华出版社

图书在版编目（CIP）数据

财富的十大支柱：世界顶级富豪的思想集萃 / (美)埃里克斯·贝克尔
(Alex Becker) 著；陈瑾译. —— 北京：新华出版社, 2018.9
书名原文：The 10 Pillars of Wealth: Mind-sets of the World's Wealthiest People

ISBN 978-7-5166-4296-2

Ⅰ.①财…　Ⅱ.①埃…　②陈…　Ⅲ.①投资管理－文集　Ⅳ.①F830.593-53

中国版本图书馆CIP数据核字(2018)第187409号

著作权合同登记号：01-2018-2613

THE 10 PILLARS OF WEALTH: MIND-SETS OF THE WORLD'S WEALTHIEST
PEOPLE BY ALEX BECKER
Copyright: © Alex Becker
This edition arranged with Media Solutions through BIG APPLE AGENCY, INC.,
LABUAN, MALAYSIA.
Simplified Chinese edition copyright ©2018 XINHUA PUBLISHING HOUSE
All rights reserved.

财富的十大支柱：世界顶级富豪的思想集萃

作　者：[美] 埃里克斯·贝克尔	译　者：陈　瑾
选题策划：江文军	责任编辑：江文军
责任印制：廖成华	责任校对：刘保利
封面设计：李尘工作室	

出版发行：新华出版社
地　　址：北京石景山区京原路8号　　　　邮　　编：100040
网　　址：http://www.xinhuapub.com
经　　销：新华书店、新华出版社天猫旗舰店、京东旗舰店及各大网店
购书热线：010－63077122　　　　中国新闻书店购书热线：010－63072012

照　　排：臻美书装
印　　刷：北京君旺印务有限公司

成品尺寸：145mm×210mm　1/32
印　　张：8.25　　　　　　　　　字　　数：150千字
版　　次：2018年9月第一版　　　　印　　次：2018年9月第一次印刷

书　　号：ISBN 978-7-5166-4296-2
定　　价：58.00元

版权专有，侵权必究。如有质量问题，请与出版社联系调换：010-63077101

"如果梦想没有吓到你，证明你梦得还不够大！"

——理查德·布兰森（Richard Branson）

目　录 | CONTENTS

引 言
需要澄清的事实

色情产业？我不知道那是什么。或许是我接触的大多数人好莱坞电影看多了，或许是我这个人看上去就一副低俗样，又或许是人们想当然地以为网络色情产业有利可图。不管事实是什么，每当我跟别人提起自己有一家网络公司，大多数人立马会想到同一件事：

"他肯定是一位花哨的网络色情产业大佬。"

待我否认，澄清自己既不卖裸照，也不出售色情视频之后，他们便会暗自寻思其他的可能性，譬如：

信用卡诈骗

股票交易天才

黑客

马克·扎克伯格那样的天才程序员

性药贩子

这一长串"了不得"的工作，要么只出现在好莱坞电影中，要么就得有中彩票般的运气。现在我还得坦白一件事，我有位朋友的确是最大的在线色情广告商，虽然说这个无益于我的澄清，但是人们想当然的看法让我烦心不已，他们之所以这么想，是因为他们完全曲解了财富以及互联网。我之所以写这本书，就是要为电子商务正名，揭示财富的真相。

你知道吗？这一对话恰恰揭示了很多人无法实现的财务自由的头号原因；它既说明了为什么只有不到 1% 的人能够成为百万富翁，也说明了人们选择朝九晚五、从事一份扼杀灵魂的工作的主要原因。

倘若理性地看待上文的内容，你可以发现一个植入大多数人脑海中丑陋而有害的观念，受到这一观念荼毒的人几乎无法获取财富和成功。事实上，要想取得成功，首先你必须察觉这一观念，并将其果断扼杀。

有人可能会对我说，"行了，埃里克斯，先打住吧。你说了半天，这个观念究竟是什么呢？"那就是，一个人若要致富，就必须经历稀奇罕见、极其幸运之事。要么投机取巧，要么骗人钱财，不管怎样，此人一定是善于钻营、极其走运，或是个无耻之徒，才能获得成功。最起码他也得是个色情片产业的大佬！

这种错误的观念还告诉人们，你必须要有专长，必须与众不同才能发财，财富不是你能够控制的。世上也没有一种通俗易懂的方式能让勤劳的普通人摇身一变成为百万富翁。你钦佩的那些人，他们成功轻而易举，而你想要和他们一样则难如登天、危机四伏。如此这般，倒不如舒服地躺在椅子上，多看些深夜电视节目，因为反正不管怎么做，你也没有成功的机会。

从本质上讲，这一观念让你相信，由于这样或者那样的原因，你不可能取得成功。事实就是这么简单。该观念使得99%的人还未行动，就丧失了成功的机会。倘若你尚未成功，那可能你多少也受到了它的影响。或许你自己并没有意识到，但事实的确如此。你大概觉得只有运气好的人才能成功，这不在你的掌控之中，或者是你过得太安逸了，不敢承担想象中的风险。本书就是要彻底改变这一切。

请别误会我的意思，诚然，赚钱需要一个过程，你得冲劲十足，意志坚定，付出辛勤的努力。这件事固然困难，但也并非你想得那么难。

你知道，很多人都把赚钱看作跟在维加斯赌博一般。靠赌博赚钱很难，实际上成功几率也很小。此事全凭运气或机遇，根本不在人的掌控范围内。虽说赌博赚钱很难，但这并非我所谓的困难，赚钱的难度就和打游戏差不多。

我来解释一下吧。首先，作为一名热心的游戏玩家，我可以告诉你，我遇见过一些生活中很废柴、却成了网游大神的人。这种人在现实生活中笨拙、懒惰、一无是处，但只要你给他一个游戏手柄，他就能赢过绝大多数的人。

这是为什么呢？懒人怎么还能做成这么有挑战的事情呢？（没错，我是说玩游戏很有挑战性。倘若你对此有异议，那么上网打开任意一款游戏，你就会惊讶地发现，闯关升级是如此高难度的事。游戏玩家往往需要高度集中精力、花费几百个小时才能达到某一级别。）

这对电游玩家来说很简单，因为他们坚信自己能够达到登峰造极的地步。因此他们会翻来覆去地玩，直到达成目标。诚然，要和他们一样成为游戏高手绝非易事。但是，不管是赚钱还是通关，只要肯付出精力和时间，你就一定能够做好，即使你是个住在父母家地下室的废柴。

赚钱同样困难，但它不同于玩老虎机或者买彩票，或是赢取广播节目的礼品。赚钱不是什么罕见或者不可能的小概率事件，也并非零和博弈，一人成功，成百上千上万的人就必须失败。只要你抱着成功的心态，全心全意地反复尝试，你终究会成功，这和玩电游没什么两样。

这本书就是为了让你明白这个道理，帮助你转变观念，接受真相：赚钱这件事，你绝对做得到。除此之外，我还会让你摒弃那些令你无法实现财政自由的有害观念，转而接纳成功人士的有益思想，而这些思想正是他们赖以生存以及维系成功的支柱。

思想和观念决定了我们生活的方方面面，没错吧？这不是一种观点，而是现实，一个每天早上八点钟所有人都能见证的现实。

在世界各地，人们每天早上天不亮就起床，开着不起眼的小轿车，驶入车流，忍受折磨人的拥堵交通。然后坐到清一色的办公桌前，听从他人的指使，每天工作八到十个小时。即使这样，赚的钱也只够养家糊口，根本无法做想做的事情。工作结束后，又得忍受糟糕的交通状况，回到家，看着没有营养的电视节目，昏昏入睡，第二天继续重复这样的生活。好不容易熬到周末，才能有空闲时间，做自己喜欢的事情。

人们要坚持工作五天，才能换来两天的休闲时间。从事自己不喜欢甚至很鄙视的工作，却错过了陪伴在亲人左右的时光。他们把钱和时间看得很重，盼望自己能够拥有更多。然而更糟糕的是，他们逆来顺受，认定自己根本无力改变生活或是实现梦想。

人干嘛要过这样的日子呢？究竟是何种强力能让数百万的人甘心如此生活？

答案就是，这数百万的人都怀有同样的观念——这种朝九晚五的生活是他们最佳的选择，甚至是唯一的选择。

简单来说，观念的力量不可小觑，它强大到可以奴役一个人，迫使此人庸庸碌碌地生活，放弃追求内心向往、而且也有能力实现的生活。但是观念同样也可以让成功的人继续保持成功，即使是在胜算不大的情况下。

我们来想象这样一个场景：有个破产的人，他想到了一个主意，用了不到两年的时间，身家就超过了一千万。他觉得骄傲极了，自己不仅实现了目标，而且过上了令自己满意的生活。过了六个月，他的银行账号被盗，最后就只剩下五千美金。当然在实际生活中，他可以通过银行或者保险公司追索这笔钱，或者采用其他的解决办法。但此处我只是为了举例，所以我们暂且就假设他只剩下五千美金了吧。

你觉得遇到这种事他会怎么做呢？他会甘心加入上班族的大军中，放弃自己的梦想，过朝九晚五的生活吗？更重要的一点是，你觉得他的表现会和普通人一样吗？

当然不会！过去五年间的见闻和经历已经让他知道，比起做上班族，他有更好的选择。他坚信只要能够以正确的方式拼命工作，他便能再创昔日的辉煌。即使迫于生计，他选择了一份临时的工作，但是观念一直在他脑海中，只要有机会，他就会立刻抓住，重新获得成功。

现在，再想象另一个场景，我们将这位千万富翁的观念瞬间植入到每位"通勤斗士"的大脑中，我所谓的"通勤斗士"是那些对朝九晚五的工作不满意的上班族。这样做之后，如果每个人都突然觉得自己可以开公司，赚足够多的钱，接下来会发生什么呢？

很不幸的是，要真有那么一天，世界就会陷入大混乱。所有人都会立马掉头回家，不再为他人打工，创办起自己的公司。世界上的大型企业都会倒闭，星巴克关门大吉，人们再也买不到多奶泡的冰拿铁咖啡了，到处都会出现用工荒。

不过，你大可放心，那一天永远不会到来，这也是人的天性使然。我们根本无法唤醒所有人的自我意识，做到让他们辞去工作，成为百万富翁。除此之外，即使你将这些观念都铭记于心，但在现实中，要想利用它们获取财富、赢得成功也并非易事。实际上，虽然并非绝对，但是在通常情况下，只有发生了像漫画书中那样的离奇事件，才有可能把一个人逼上梁山，迫使其学习并实践这些观念。

我认识的成功人士当中，有三位曾经贫困潦倒、无家可归。其中一人，目前的家产将近六亿美元，另外两人每月也能有几百万美元的收入。

他们是怎么做到的呢？这三人的境况曾经一度很糟糕，生活也十分痛苦，这使得他们不得不另觅他途。"通勤斗士"的情况与此截然不同，这些上班族虽然过得不如意，但也没有那么糟。"通勤斗士"虽然可能对工作不满意，想要获得更多的收入，但是大多数并未经历过精神、肉体或是情感上的剧痛。而人只有经历过那样的痛，才会寻求改变。由于没有经历过，所以他们生活得很安逸，这里我说的安逸并不等于快乐，而是没有动力去做出改变。他们改变的可能性要远小于那些有痛苦经历的人。

有些人天生就是当企业家的料。我相信你在电视或者杂志上也见到过十四岁就成为百万富的人。但很可惜，我不是那样的人。如果你是他们中的一员，那么你看这本书可能就是为了助眠或是消遣。但对于像我一样的人来说，要想摒弃那些禁锢我们、使我们无法获取财富的观念，可能就需要经历一次沉重的打击。

除非遭遇真正的绝望、痛苦、愤怒、恐惧、疾病或是其他极端事件，否则我们一辈子也无法走出自己的舒适圈。正因为如此，人们才会留在原地，继续过着不满意的生活；也正是这样，中产阶级一般不会有所改变；同样还是这个原因，你经常会听到白手起家的故事。

假设你身处沙漠之中，旁边有一片绿洲能够为你提供水源，但是水只够维系生命，却无法满足你的需求。没错，这片沙漠糟透了，但是如果寻找别的绿洲意味着要失去这片差强人意的水源，你很可能就不会这么做。实际上，只有这片绿洲干涸、毒蛇涌入此地、或是其他恐怖或有害健康的事物出现，你才会放弃这里，寻找别的居所。虽然这么想很可悲，但是要想让大多数人有动力彻底地改变生活，唯一的方法就是，让他们的绿洲枯竭，或者使他们处于一个不得不做出改变的糟糕境地。

我就是如此获得了成功。我的绿洲干涸后，我再也无法继续之前安逸的生活。

二十三岁那年，我从空军退役后，一无所有，真的是什么也没有。

等到二十四岁时，我每月的收入能达到好几万美金。

二十五岁时，我的公司净值有好几百万美金，我也因此开上了人生的第一辆兰博基尼。

再到二十六岁时，我每年都能创造好几百万美金的收益。我搬进了达拉斯市区的梦想居所，公司影响着成千上万的人。

而现如今，我二十七岁了，正准备以高于两千万美金的价格卖掉我的一家公司，每个月既有数十万美元的进账，还能过上自己内心想要的生活。

听到这些你会是什么心情呢？疑惑、诧异还是妒忌？

让我来解释一下吧。

二十二岁那年，我与美国空军的四年合约即将到期。部队让我收获颇丰，我真心希望将来自己的孩子也能参军，因为十八岁以后，我是断不会让他们啃老的。服役的经历让我迅速成长，同样也教会我如何像成年人一样照顾自己。

但是，虽说部队很好，但是我在那里的工作并不顺利。虽说如此，但我绝对没有责怪的意思，在那里的经历是人生给予我最好的礼物。之所以这么说是因为它令我气愤之极，绝望到想要改变自己的人生。

在我工作的地方，管理者并不是军人，而是那些一心想要升迁的普通人。在部队里，没有辞职一说，你也不能向长官抱怨工作。因此，这些人极力地驱使我们工作，好让自己脸上有光。

在服役的四年里，我是一名空军消防员。在大部分的军事基地，依据其工作职责，空军消防员主要负责消防培训以及灭火。然而，我 99.9% 的时间都在清洗消防车。比起如何救火，我学到更多的是如何刷马桶和拖地板。我记得有一个月，只要有人离开消防站，我们就要擦一次消防车，就因为我们的傻瓜上司惧怕上级领导，害怕车不干净他们会生气。

在此我要补充一点，消防车每天要离开站点十次，其中一次还是在半夜。另外，要彻底清理一辆消防车，怎么也得花费四十五分钟到一个小时的时间。

长话短说，在刷过一千五百次马桶后，我彻底受够了。我想在服役期满后离开，重新出发。但在此之前还有个小问题，我没有一点实际技能。空军的消防培训专业性极强，要想借此在竞争激烈的消防行业找一份工作十分困难。而且我也不想一辈子都刷马桶。

因此，我面前有两个选择：一是继续在部队服役，接着从事我恨之入骨的工作；二是荒唐一回，离开部队，学着如何赚钱养活自己。

固执而又愚蠢的我选择了后者。当然，我也可以去上大学，但那意味着朋友们都要出人头地了，而我却还要省吃俭用地过四年。要真是那样，恐怕现在我不是在写书，而是在焦头烂额地参加期末考试，不知道毕业后该做什么。没错，退役后我本可以找一份入门的工作，但是说了这么多，你也应该知道，我并不是那种愿意拿一小时十美元的薪水帮老板创造六七位数年收益的人。

所以我做了件疯狂的事，决定自己摸索怎么赚钱。我拿出电脑，开始逛论坛上网页，到处搜索信息，学习如何在网上赚钱。最后我偶然发现了一种叫搜索引擎优化的方法。

在我解释什么是搜索引擎优化之前，有一点我要强调：这本书并不是要鼓励你学习搜索引擎优化，或者向你传授相关知识。事实上，我能创造几百万的财富，这与搜索引擎优化的关系不大。我也不是要说服你采用某一种财富积累的方法。赚钱的方法有千万种，但是只要你能落实本书的观念，条条大路都能通罗马。

说到这里，我要解释一下，搜索引擎优化是一种提高网站在谷歌等搜索引擎内的排名的方式。所有的公司都希望自己的搜索排名能靠前。假设你的公司经营家庭安保系统，如果在网上检索"家庭安保系统"，你的公司能够出现在搜索结果的前五位，你的销量就会剧增，因为目标客户，也就是那些检索"家庭安保系统"的人能够更容易地找到你的公司及网站。那么，怎样才能使你的公司出现在检索结果的前五位呢？你得雇人做搜索引擎优化。

不过，利用搜索引擎优化赚钱无须成立一家公司。从事提高网络检索排名、促进产品销量的工作人员，多半是靠收取佣金赚钱。他们也会做自由职业者，帮助企业增加网站的访问量。由于不必创造实体产品，因此这个行业的门槛非常低。

关于搜索引擎优化还有许多值得介绍的内容，但是目前你只要知道上文提过的内容就够了。如果你对此感兴趣，可以直接上网检索"Source Wave"，然后就可以找到我的搜索引擎优化业务，我们既提供引擎优化软件及服务，也提供相关培训。

言归正传，找到了搜索引擎优化这条生财之道，也就意味着我能够离开空军，在几乎没受过什么教育的前提下，获得一份体面的收入。为此我只需要做好两件事，那就是学会利用搜索引擎优化提升网站排名，以及向企业推销我的服务。之后我就可以摆脱这个鬼地方，和朋友一起搬进大学城，一边上网赚钱，一边喝个酩酊大醉。也就是说，我要辞去令自己厌恶的稳定工作，然后尝试通过网络赚钱。

除非你本身是一位企业家，否则这件事听上去很愚蠢。事实上，我听上去就像是那些会在深夜购物频道购买"迅速致富"产品的人。但是，由于之前的工作糟糕极了，未来又悬而未决，因此我决定放手一搏，选择了"愚蠢"的道路，盼望着事情能如我所愿。

不幸的是，我对搜索引擎优化并不在行。我从来也没能掌握快速学习某项技能的方法。美国的教育体系只教会了我们如何背公式、记概念，如何填涂色彩，但却从未教过怎样学习并精通一门技艺，这也是很多人创业失败的重要原因。这些人并不笨，他们只是不会学习。在本书中我会解决这个问题。

回归正题，到了延长服役期限的那一天，我还没有真地赚到钱。我是成功地提升了几个网站的排名，也通过做网络自由职业者赚了些钱，但这只是杯水车薪，远不能替代工作的收入。

即使做搜索引擎优化没有赚到多少钱，我也依然认为离开军队、自己做生意是我最好的出路。我不能做一份自己厌恶的工作，就为了拿稳定的薪水。所以我把退役账户上的 6 千美金都取了出来，然后离开了空军。当时真可谓是孤注一掷，倘若在六个月内无法赚得可观的收入，我就会破产。

现在明白了吧，不管一个人的境况是好是坏，如果此人安于现状，那他就很难成功。相反，要是经历了身体、精神或是情感上的伤痛，那他就很有可能采取行动、承担风险、努力去实现看似疯狂的目标。正是这样的痛苦才会驱使人们获得成功。

正因如此，吸烟者在得知自己罹患肺癌后，能很容易地戒除烟瘾；人在没生病的时候总是忘记吃防御疾病的维生素，而一旦他们得了病，就会按时吃药；同样地，当我意识到若想获得快乐和成功，自己别无他法时，我做到了利用搜索引擎优化赚钱。

我认为这就是很多人之所以能够发家致富的原因之一。他们对自己的生活状况深恶痛绝，以至于必须剔除脑海中根深蒂固的观念。他们对生活忍无可忍，无法再继续下去。这种情况下，一旦找到赚钱的方法，他们便再也停不下来。

正如我在上文中提到的，我认识的身家在五千万到六亿美元之间的富人都曾经历过破产或者无家可归。这类极端的经历会迫使我们忘记之前他人告诉我们的一切道理，转而采取激烈的措施摆脱现状。

现在让我们继续回到我的故事。当时我拿到最后的六千美金退役工资，又没有接受过正规的教育，我经历了巨大的痛苦。我实在无法忍受朋友和家人把我当成是废物。入伍之前，什么工作我都干不长，在空军服役四年后，我除了刷马桶什么也不会。这种情况下，除非我做出翻天覆地的转变，否则我未来一定会很窘迫，最终一事无成，一辈子只能去打扫卫生间。在空军打扫了四年卫生间，我再也不想回到过去，也无法承受坐以待毙的后果。我珍惜自己的人生与尊严，因此我决不能失败。面对现实的打击，我突然就变成了超人，每天即使连轴工作十六个小时也甘之如饴，脑子里想的都是怎么成为一名搜索引擎优化专家。

就是凭着这股干劲，我成功了，成了一名厉害的专家。在短短几个月的时间里，我掌握了大多数人几年才可以学会的搜索引擎优化以及互联网技术。我做产品、推出网站、给企业打推销电话、努力争取客源，该做的我都做了。

做到这些并不是因为我多有天分，而是因为我有动力每天工作十六个小时、学习和掌握这门生意。任何人都能成为某一领域的专家——即使是赚钱这件事——只要他们肯思考、愿意投入大把时间。现实情况是，大多数人不会也无法全情投入，原因是他们缺乏动力，而动力是成功的关键所在。然而，要是没有遭遇极端情况，动力也很难被激发。说了这么多，我是否成功将这个观念植入了你的脑海呢？

我做搜索引擎优化很成功，也能赚得一份体面的收入。更重要的是，这使我明白了一个道理——只要足够努力，我就能够赚到钱。

由于学会了这些技能，离开军队不久后，一家营销公司就向我提供了一份全职工作。虽然我不想再给他人打工，但这份工作的确给了我一份稳定以及安逸的环境，因此我接受了。到现在，虽然我不后悔当初的决定，但也由此得到了警示，只要别人提供一个舒适圈，我们就很容易违心去做自己不愿意的工作。

不管怎样，这是一份不错的工作，同事也很友好，在当时看来它是我理想的选择。除此之外，我的工资和做搜索引擎优化的收入加起来能超过一万美金。这比我那些上过大学的同学赚得还要多。因此，我洋洋得意了一阵子，对自己的生活很满意。

但是，有一个想法总是盘踞在我的脑海中：只要我足够努力，就能赚到更多的钱。迄今为止，我的成功也证明了这一点。

因此，在我需要更多钱的时候，我就没办法让自己相信，待在舒适圈是我最好的选择。我知道，如果这样做，不改变我日常的行动，那么收入也不可能改变。正因为如此，我很快便开始厌烦每日漫长、拥堵的通勤。实际上，我是深恶痛绝。虽然不宜在书中多说咒骂的话，但是我真地恨透了高峰期的交通。因此，我才会用"通勤斗士"这个词形容那些厌恶工作和生活，但又被其所困的人。

在此声明，"通勤斗士"不单指那些朝九晚五的上班族。这个词是用来形容那些有朝九晚五的工作，但却厌恶这类工作，希望能做一些其他工作的人。但这说的或许不是你，也不是你身边认识的人。有些人喜欢自己的工作，也热爱他们的行业。有些人对他们朝九晚五的工作和收入很满意。但是，如果你是这些人当中的一员，那么比起这本书，你可能会对半吊子的畅销科幻书更感兴趣。假如你真是这样的人，我祝你过得更好！这本书也能帮你在工作中更上一层楼。但实际上这本书是写给那些对自己的工作和薪资不满意的人，因为相比之下，他们更有可能做出改变、取得巨大成功。

过了一段时间后，我发现自己十分厌恶老板的经营方式。我不愿意每周工作五天却只有两天休息时间；我不愿意自己每月工资只有一万美金，而老板却能赚得十倍于我的收入。我之所以有这种想法，是因为在我单打独斗的时候脑海中便形成了那个观念。没错，这是一份理想的工作，但是我无时无刻不心怀怒气，原因是我知道自己能够独立地赚更多的钱。这个例子足以说明观念的力量何其强大。

接下来，我利用一切空闲时间开始经营自己的生意，积蓄力量，直到我足够有底气辞去这份工作。每天下班到家，我就工作；晚上朋友在打游戏的时候，我在工作；周末所有我认识的人在泳池边喝酒时，我还在工作。

两个月之后，除去每月的工资，我做生意的进账超过了2万美金。那个时候，我便义无反顾地辞去了工作。我的老板人很好，公司也不错，但我认为单干要优于替他人打工，这是因为我相信自己能够控制好收益。正因为如此，我再也无法忍受做一名办公室职员。直到今天，假如再次一无所有，即便我会先找一份工作养家糊口，但过不了多久，我就会开始创业。为什么呢？因为我知道自己能成功经营业务。

由于在生活中遭遇过痛苦，我有动力采取行动。实际上，由于没有别的选择，即使要付出大量努力也不在话下。经过努力，我形成了一些观念，由此促使我不断进步。而正因为一直迫使自己进步，我学会了如何控制财产和收入。在这条路上越是走得远，越是培养了我创造亿万收入的思维方式和观念。我掌握了成功人士所拥有的重要观念，也可以称之为支柱，而这也是失败者所欠缺的。

我想通过这本书教你掌控财富与收入的捷径。我希望你能够避免很多人之前走过的弯路，直接获得成功人士的思维方式，对人生拥有更多控制权。不仅如此，我还要向你传授我自己以及那些顶级富豪成功的几大支柱。

掌握这些知识通常需要承受极大的痛苦，慢慢树立起信念。但是，如果你正在看这本书，那么很可能你还没有类似经历，让你迫切地想要成功，而非坐享安逸。至少现在你还没有这样的经历。

不要误解我的意思，我本人并没有经历过危机状况，也没有从破衣烂衫到家财万贯的故事。虽然我所有的精神痛苦都是自己施加的，但那依然重要。归根到底，只要你的脑海中产生了再也无法忍受的念头，到了如若不改变，就会发疯的地步，就满足了我所说的情况。这对每个人来说都很困难。可能你有一份糟糕的工作、经历了破产、遇到了真正的财务困难、家庭出现了变故，或是像我之前提到的那位事业有成的朋友一样，沦落到无家可归，为此你的思想会转变，不再想着"我能忍受这些"，而是想要"立马做出改变"。

然而，大多数人可能永远都不会经历这些。为什么呢？因为自打人出生的那天起，社会就向我们灌输了这样的思想——平日里经受的细微痛楚不算什么，人不可能事事都如意。社会同样让我们喜好安逸，我本人也是这样。社会叫我们去上学、考高分、找工作，然后干出业绩，而做这一切最终也是为了赚钱享乐。因此，即使你不喜欢自己的工作，但很可能它使你衣食无忧、生活安逸，那么你也会认为换工作是件毫无意义、不切实际、做不到或是太冒险的事情。

人们可能不喜欢自己的工作，也可能过得不幸福，或是想要比现在更富有。但是他们觉得目前的生活还过得去，要是想有更好的选择，就要承担风险。出于这一原因，很少有人会迫使自己走出舒适圈、改变生活。但实际上，如果你的生活一成不变，你也就无法成功。倘若你本人不做出改变，那你就不能指望生活或者所处的环境发生变化。

可能你读这本书也是出于该原因。你可能真的很不喜欢自己目前的状况，你认为自己可能希望做出改变，而阅读这本致富的书籍，你无须承担任何风险。

事实上，如果你目前还没有做成生意，或是大幅地改变生活，那么很可能你读这本书的目的，是希望不承担任何风险就变得富有。每个人都这么想，但是我要帮助你纠正这一问题。确切地说，承担风险是你需要接受的一个重要观念。

让我现在就告诉你：要想获得财富，你必须承担风险。换而言之，你必须承担风险才能成功。但承担风险也要做到聪明机智、考虑周全，之后我们会说到这一点。你是否听说过"高风险高收益"的说法呢？这也就是说风险越低、收益也越少，目前你所处的恐怕就是这种情况。

过去的几年里，我一心想着赚钱、再赚钱、赚更多的钱。我花了大量的时间亲自向其他富翁讨教，或者是向他们学习。尽管大多数的超级富翁都经历了众多苦难才获得成功，但是我想教会你如何不经历苦难就获得成功。补充一下，我所说的是拥有私家飞机的那种富裕，而并非仅仅如律师或医生般有钱。我说的"成功"是指，在三座大城市拥有房产，而不是拥有三辆讴歌[1]汽车那么简单。

　　长话短说，不管你是谁，或者目前在做什么，我要教会你致富的重要观念以及思维过程，让你想不发财都难。不止如此，我在教会你这些道理的同时，还能使你避免原本需要承受的痛苦。本书会让你习得成功人士的观念，促使你追求自己的梦想，对成功的诀窍胸有成竹。如果你一直渴望获得财富，却不得其道，那么这本书会教你方法，但前提是你能理解并相信我写的内容。如果读过这本书，你觉得"没错，这招似乎对他（作者）很管用，但是，我跟他的情况不一样"，或者"我不知道这方法是否适用于我……"，那么这本书以及里面提及的观念并不适合你。因此，再说一遍，我是要教给你成功秘诀，但你才是那个实践的人。

　　我听过各种各样的成功故事。我亲眼见证了一个无家可归的人成了年收入五千万美金的富翁；我认识一个人，之前做过十次生意都失败了，而现在的身价却超过了五亿美金；我也认识一些最终成为超级富翁的退伍军人；我还认识一些读过大学的富二代，他们厌倦了工作，之后辞职成功创了业。

　　我遇见过形形色色的人，他们曾身处不同境地，最终却都获得了成功。实际上，他们中的大部分人并非智慧超群，

---

1 讴歌（Acura）是日本本田汽车公司旗下的高端子品牌。

不少人亦是资质平平。但该死的是他们每个人、包括我本人都有着一套相同的观念。除此之外，他们越是深入地贯彻这些观念，越是能获得财富。

这些观念是穷人永远没有或者无法理解的。有些穷人看过这本书后，会骂我是个蠢货。如果你也想像我一样思考，他们也会骂你是蠢货，正因为如此，他们才一直贫穷。他们不相信所有人都能成功、都能变成超级富翁。他们也绝不会相信答案就在你的脑中。

不过没关系，那些人会继续他们贫困或安逸的生活，不幸福地过下去。而你则会勤奋、聪明地工作，实现并超越梦想。

那些人工作好多年才能得到提拔，而你每周都可以让自己获得晋升；他们精打细算过日子的时候，你却再也无需为钱发愁，因为你的钱多得是；他们六十五岁时回顾过去，会悔恨自己没有走出舒适圈，而你回首往昔时，会很庆幸当年自己做到了。

这些观念、思维方式以及理解简直太重要了，其作用不可小觑，在本书中我会将其称之为支柱。如同支撑希腊纪念碑的那些柱子，它们是成为超级富翁的基石。

只要牢记这些支柱，你的世界便会是另一番景象，再也回不到过去的状况。你甚至还想知道要是没了它们，自己该如何生活下去。

所以言归正传，让我们开始吧。

第一大支柱
致富要快

我要郑重警告你：如果你从未听说过，一个人既能想赚多少就赚多少，还能真正过上自由的生活，那么接下来的内容可能会让你大为恼火，因为过去别人告诉你的成功之道都是大错特错。是的，他们说的都是错的，除非教你的人是靠自己成了超级富翁。

父亲告诉你的是错的。

祖父母告诉你的也是错的。

老师告诉你的还是错的。

你的朋友可能不仅是笨蛋，还告诉了你错误的信息。

周围的人与社会传递给你的信息一直都是错的。

因此你的观念也是错的。

说真的，每天早上八点左右，在任何一座大城市的高速公路上行驶，你都会看到成千上万受过大学教育的人置于拥堵的交通之中，一边啜饮着从便利店买来的劣质咖啡，一边咒骂着横在他们之前的车辆。毫无疑问，这些人并不愿意每天早上经历同样的事。他们过得有些凄惨，但是却认为自己别无选择，因此只好日复一日地熬下去，直到退休或者死亡的那一天。

你觉得他们像是明晰事理的人吗？他们能教你实现财务

自由吗？答案显然是不能，但这些"通勤斗士"却很热衷于给你建议，自打你上小学起，他们便告诉你该怎样过好这一生。

与此同时，我能决定自己每天早上做什么。有时我凌晨四点就起床工作，与开发商交谈。有时我六点多才醒来，再玩上四个小时的辐射 4（一款日本游戏），等到十点左右，路上没什么人了，我才会开着法拉利去杂货店，买新鲜的蔬菜回家榨汁。

当然，看过上面的内容，你会觉得我是个傻子。但是你猜怎么着？我可以在任何时间做自己想做的事情，而且也有大把的时间做这些事。我喜欢工作，喜欢玩游戏，也喜欢无所事事。我喜欢做的事情有很多，也能随时做想做的事。毫无疑问，你绝不会在早高峰时看到我心烦意乱，冲着陌生人叫嚷。

既然你已经知道世上有两种生活方式供你选择，而且两者都切实可行，那么你会怎么选择？是做一名"通勤斗士"，还是跟我一样呢？

接下来我要说说为什么"通勤斗士"对成功的定义，以及一直以来别人灌输给我们的成功观念实则与成功背道而驰。我们受的教育是做人要中规中矩，"好好学习、考上大学、找份好工作、努力上班、拼命攒钱、在六七十岁时退休。

这才是通往成功和幸福最稳妥的道路。你只需要努力工作！"

因此我们认为创业风险极大、难度过高，这种做法也无异于赌博。不论你是马克·库班[1]（Mark Cuban）或马克·扎克伯格（Mark Zuckerberg）这类的商业巨子，还是普通人，不论你有绝妙的点子，还是一团糟。不要误解我的意思，创业本身就有风险，但是这些风险是良性的，而良性风险可以通过远见卓识和合理规划为你所控制。反过来说，不良风险则是掌控权落入他人之手。通过阅读本章内容，你会明白社会认可的成功之路实则基于不良风险。

认为创业不适合自己的想法是致命的。这种想法会剥夺你的人生，过着比上不足比下有余的生活，最理想不过是成为无名之辈。过朝九晚五的生活实际要承担不良风险。我要从两个方面——金钱及生活质量——向你说明为何这种生活方式等同于早逝。

低速致富

假设你高中每门功课都是优秀，进了一所好大学，以优异的成绩毕业，找到了一份年薪七万美金的好工作，之后也一直拼命努力。为此每年你的薪水涨幅要高于平均水平3%，

---

1 美国的创业家、亿万富翁，达拉斯小牛队的老板

达到 5%-7%。十年后，你的年薪会超过十万美金，三十年后会更多，能做到这样就算是很幸运了。

相应的财务风险及生活质量

这样做稳妥吗？明智吗？让我们从财务角度分析一下。

目前，你的日子过得很舒服。每周工作五天，周周如此……没有停歇……作为回报，你的工资可以支付日常开销，甚至偶尔你还能奢侈一把。你和家人都很满足，尤其是你拿自己和那些之前给过你建议的亲朋好友相比时。你听从了他们的建议，最后也过上了舒适的生活。虽然你买不起心仪已久的兰博基尼，无法成为超级富翁，不能自由地周游世界，更没法去做需要投入大量时间或金钱才能实现或体验的事情，但是依照多数人的标准，你混得还不错。

你只要再努力工作三十年就可以安稳退休了。假设你平均每年能赚十二万美金，如果将税后工资的一半用于储蓄，到时你会有一百八十万美金的退休储蓄。这还不错，三十年后，你也算得上富裕，依靠这笔钱也可以度过余生，只要你不去肆意挥霍。

这似乎是件稳赚不赔的买卖，只要你需要保证下面的事情不会发生：

在退休前去世

职位不保

被公司解雇

工作被外包

岗位被废除

此外，你还要确保以下事件进展顺利：

公司业绩优异

经济运行良好

储蓄的货币坚挺

投资不出差错

没有重大疾病，身体足以应付工作

　　没错，只要这些事都能如你所愿，三十年后你就会成为"百万富翁"。此处的百万富翁之所以加引号是因为真正意义上的百万富翁根本不需要为钱发愁。如果你工作时必须精打细算、攒下每一分钱，退休后又得小心翼翼，那你实在算不上什么百万富翁。

　　但是，有可能会发生对你不利的事情。实际上，以我这二十多年来的见闻，我所有的家人都曾因经济不景气、公司倒闭等原因被解雇。

因此，如果单纯地从财务角度来看这件事，低风险—低速致富或者稳扎稳打事必成的思维是一个可疑的谎言，说句不中听的，这是一场骗局，一种会遭受经济损失的做法。

不论怎么看，这都是一场"听天由命"的豪赌。就其本性，赌博是将赌注下在自己无法掌控的事情上。而上文所列的每一个"影响收入"的事项都不在你的控制中，只有诸事顺利你才能成功，例如让所在的公司盈利这件事就不受你的控制。这就是朝九晚五的生活存在不良风险的原因。无论是老板、公司、经济状况还是意外事件，你的财务状况并不取决于你，而是由诸多的人和事决定的，任由这种事情发生是你的错。

不管你多么努力工作，拼命攒钱，还是多么有学问，总有一天当低潮来临，你苦心经营三十年的财富计划就会破灭。更糟的是，你越是花功夫打造退休后的生活，随着时间的推移，意外越是有可能发生。

我来解释一下。假设你正在盖屋顶，这时下雨了，整个房屋都会毁掉。倘若你能在一天之内完工，那么赶上下雨的可能性就很小。但是，如果你需要一个月的时间，那么很有可能在此期间你至少会遇到一场雨，让你前功尽弃。多数人积累财富的过程就如同花三十年的时间建造屋顶，并祈祷上天不要降雨。

你要知道天有不测风云……人一辈子可能会遭遇多次的厄运。因此，这种低速致富的观念不仅极其危险，而且在大多数情况下也不可能实现。当前科技正在迅速替代人工，加之人口的膨胀，情况会越发艰难……不过那又是另一个话题了。

以上我所说的就已经够糟糕了，但实际我还没有提到社会上这种低速致富观念的致命缺点。接下来暂且不再提财务，让我们来关注一下生活质量。毕竟有些人不在乎钱，也不想富得流油，他们可能只想快乐无忧地过一辈子。

假设我说的都是一派胡言，假设这个世界十全十美，你不会遇到任何不好的事情。你不会生病、不会失业，所在的公司也一直在盈利。你只需要努力工作三十年，然后就可以退休。这一切听起来似乎不错，但是你忘了……

首先，你在这三十年间必须精打细算，凡事都能省则省。这意味着你的人生会有局限性，你必须有节制地生活。

周五晚上你原本打算带妻子去镇上最好的餐厅吃饭，但最终你们还是去了附近的餐吧和烧烤店，因为这样能省点钱。

你可能想要和家人一起环游欧洲，但出于成本的考虑，你最终还是决定周末带他们去县集市或者游乐园玩。

你特别想要一辆法拉利，但是却不得不开着二手的经济轿车，因为开上梦想的轿车不符合你的长期储蓄计划。

没错，你还是能够得到维持生活所需的一切，以及部分你想要的东西，但若要随心所欲地买奢侈品是不可能的，最终你的身心都会妥协，转而接受一般商品，比如快餐以及中等价位的轿车。但如此一来，你不仅要有节制地生活，眼界也受到限制，生活的质量更是无法保障。在现阶段，你不会集中精力做重要的事情，而是痴迷于在购物时使用打折券以省下微不足道的几块钱，希望在退休那一天——未来二十到五十年间——攒够养老的钱。

你的一生都在以今日的克制换取明日的安逸。不要误解我的意思，我并没有鼓励超前消费的意思。但是，一旦你选择了低速致富的人生，生活也只是活着而已，你一辈子都是钱的奴隶，永远无法过上你想要的生活。

实际上，在低速致富观念的引导下，你这辈子只有到了六七十岁时，才能停下来享受生活，但前提是你能活到那一天，身子也还硬朗，而且想要的东西还跟年轻时一样。你工作一辈子的最大奖赏是：在迟暮之年量入为出地生活，直到死去那一天。这算哪门子的奖赏？

别跟我说什么退休之后要周游世界、买辆新车或搬去梦想之地的话。比起等到退休之后，在二三十岁，甚至四五十岁时旅游岂不更好？等到老了，你和老伴还会有体力旅游吗？如果你有什么心愿，那现在就去做吧。未来谁也说不准，你肯定不希望到了六十岁再后悔二十几岁时没有精彩地活过，整日只是念叨要省钱养老。

最重要的是，这样你就放弃了之前 71% 的人生（每周你要工作五天，五天是一周的 71%，这样一来，人生 71% 的时间用在了工作上），只为换得后半辈子过得去或舒服地生活。你放弃了 71% 的时间，在年轻时过着要在沙发垫里找硬币的节俭日子，为的是攒下钱，但待到退休时，年事已高的你恐怕也无法真正享受生活。

这怎么算得上是有品质的生活？交出 71% 的人生、节衣缩食、压抑地活着怎么算得上是积极的生活呢？眼里只有钱，没有爱和家人，怎么能说是美好的生活呢？不仅如此，老了之后还要担心在去世之前钱是否够用，这又如何算得上是奖赏呢？

总之，朋友们，低速致富不仅风险高、损失大，而且会极大地降低你一辈子的生活质量。

本章旨在让你明白这个道理，并向你指出一个更好的选择。你大可不必将人生托付于一个难以控制、缺乏公正的制度。更重要地是，你有办法能脱离这个制度，重新找回自己的生活，将命运掌握在自己的手中。

还记得我在上文列出的财务场景吗？那就是在最理想的状况下，六十岁时你大概会有一百八十万美金的存款，但前提是在退休之前你必须有节制地生活。了解了所有这些内容后，这听起来简直糟透了，不是吗？

事实上那样的人生的确很糟糕。26 岁的时候，我的身家已经达到了八位数，这要远远多于那 180 万美金。我花了两年时间就得到了许多人拼尽一生才能得到的财富。加之合理投资，我便能轻松地用这些钱度过余生，同时我现在便能实现财务自由，享受高品质的生活。

你既然看这本书，就说明你大概也想要这样的生活，但是限于你从小所受的教育，似乎普通人不可能有我这样的成就。你大概也认为，效仿我的做法存在财务风险，很可能会让你的生活质量比现在还差。

终其一生，我们所受的教育是创业，也就是"快速致富"会产生丰厚的收益，但是，创业也像是在维加斯玩老虎机一般存在风险，我们有可能会倾家荡产、无家可归，因此最好还是选择低速致富的方式。正如我在上文的论证，低速致富的心态不仅对现在和未来而说是一场赌博，而且还会让你的生活质量低下或者处于一般水平……一般水平已是最好的结果。

同样，我们从财务风险以及生活质量两个方面，分析快速致富的思维方式。如果想要获得真正的成功，你必须理解并相信我接下来要说的内容。这将解释为什么我会把快速致富定义为财富的第一大支柱。

快速致富

这部分内容开始之前，我需要你明白一个道理。快速致富风险低的原因有且只有一个，那就是一切都在你的掌控之中。我知道这听起来很难理解、说不通，甚至与你的想法背道而驰。但是我会进行解释，你只要往下阅读便能明其就里。

你的想法、所学的知识、工作的努力程度以及所做的一切会直接决定你赚多少钱。这就如同玩电子游戏一样。一开始的时候，你的表现会很差劲，因此你会感到沮丧，甚至想要放弃。正因为如此，人们觉得创业困难多，风险高。但实际并非如此，这件事只是入门难，开始时很有可能会失败。

但是，就如同玩电子游戏一样，只要你肯坚持下去，最终就能够做好它。事实上，做任何事情，只要能坚持一到两年，你就会擅长它。无论是弹吉他、玩电子游戏、编程还是做其他事，如果你投入了足够多的时间、精力和注意力，并且掌握了正确的方法，那么最终你就会达到熟练的水平。

请记住，这并不同于从事一项体育运动，只有万分之一的人才能够成为明星、赚大钱。做生意，通常只要有一般资质就能赚很多钱。虽然说这个有些跑题，但是你会听说一些虚假的事，例如"只有1%的企业会成功"。实际上，大多数企业是由那些缺乏思维及规划能力的人所经营和筹划的，而且当事情变得困难和混乱时，大多数人撑不了几个月就会放弃。如果掌握了书中所说的这几大支柱，你就可以做得比那些人好，因为你知道如何克服"不良"风险，经营好企业。

关于快速致富有一个好消息，你只须成功一次即可。你失败了十次，却在第十一次时成功了，只要你能放聪明点，便可从此过上富裕的生活。事实上，即使十五年的时间才能成功，你的情况也要优于那些低速致富的人，他们得花费三十年，勤俭持家、天天祷告才能达到目标。

因此，你可以总结出三个要点：

你要掌握自己的命运

你能做好任何一件事

你可以失败

假设某人刚刚二十一岁，她在好市多[1]（Costco）每周工作三十个小时养家糊口，生活需要精打细算。顺便提一下，如果能够妥善管理金钱，即使月收入不到一千美金也能够养活自己，前提是你还年轻、没有结婚，至少没有大笔的负债。在创业初期，每月有六百美金，我就能支付房租、食物以及

---

1 好市多是美国最大的连锁会员制、仓储量贩超市。

其他生活必需品。让我们继续言归正传。

在接下来的两年间，此人每周用四十个小时经营某项低投资、高收益的业务（对此我之后会作详细说明）。这意味着，她每周要工作七十小时，这么做完全是可行的，而且在创业阶段也是必需的。

更重要的是，在这种情况下，她的努力和勤奋是致富的重要因素；而这些完全都在她的掌控之中。

在这两年里，她经历了数次失败。但由于她的生活水平已然很低，因此即使失败，情况也并没有太糟。她只要换一种方式重新开始即可。除此以外，每次失败她都能学到什么方法不可行，每次尝试她都会有进步。

所以就如我刚才所说，在她那种生活方式下，每次即使失败也没有什么坏事发生，而且她也越来越有经验。通过不断进步，她最终会成功，这只不过是个时间问题。在此我要提醒一下，你知道为什么有些人尝试过，最后却失败了吗？原因是他们中途放弃了。此外，也是因为他们不知道财富的十大支柱，而在本书中我将会告诉你它们是什么。或许你成功需要十年时间，但如果你永不放弃，那么你肯定会做出成绩。

经过两年时间，由于她勤奋努力、进步非凡，她的第十六次创业成功了。她每月进账五千美元，这份收入足以让她辞去工作、全职经营业务。

现在，她每周只需要花六十个小时经营自己的业务。之后，她还可以复制、扩大并完善业务。再过两年，她每月就能创收八万多美金。她成了百万富翁，只要能将这些钱妥善投资，她便可以一辈子衣食无忧。而这只需要四年的辛勤努力。

我见过一些人用六个月便做到了这一切。我也见过许多人，他们白手起家，两年时间便成了百万富翁。因此，尽管你觉得这件事遥不可及，但实际上它远非你想的那么难。如果你参加过我举办的活动，或是在网上关注了我，你就会知道很多人都成功了。你可以登录 AlexBecker.org 网站，查看其中的一些案例。

现在，我们后退一步，从财务风险的角度来分析一下这件事。

快速致富的财务风险及生活质量

上文的例子中，她在成功道路上的风险有哪些呢？答案是几乎没什么风险。她只需要维持低的生活水平。她可以承受多次的失败，因为她从事的业务投资少、收益高。

之后我会说明什么是投资少、收益高的业务，但现在我可以先给出一些例子，如编程、设计和营销服务。提供此类业务，你本人只需要投入很少的资金。我希望你能够认同，这类业务不仅行得通，而且在没有大量资本的前提下，还可以轻松创业。在许多情况下，你甚至不需要投入一分钱。

正因如此，刚开始创业时，虽然她失败的风险很大，但是失败并不会使她无家可归或者负债累累。而且由于承担的风险并不大，因此她能够从容不迫、不断进步，成功的把握会越来越大，一切也只是时间问题。相比那些低速致富的人，她一旦成功，就会在极短的时间里变得富有，而且还不需要承担什么风险。

你知道我为什么说她在短期内失败几率大，而长期看来风险较小呢？你是否又能看出她的收入及财务前景只取决于她的行动，而她也不需要像低速致富人群一样面对不可控的因素呢？要再次声明，这个例子完美地阐释了可控的良性风险与听天由命的不良风险。

从财务角度讲，如果你计划得当，快速致富的风险会很低。另外，虽然要过几年苦日子，但最终你能够实现财务自由，而做到这一点比起低速致富、大半辈子节衣缩食更有吸引力。这也是任何年龄的人都能够转变生活、快速致富的原因。经营网络业务成本低、风险小，做这件事面临的唯一挑战是，在成功之前，你需要节俭度日，但这种日子不会持续太久。

说到这里，让我们继续——从生活质量方面进行分析。这也是低速致富的最大缺点。我之前提到过，低速致富需要你耗费人生 71% 的时间去工作。不管你如何看待金钱，倘若要实施低速致富的计划，你就得牺牲大量的时间。二十到六十岁期间，正是一个人想要周游世界、生儿育女、陪伴家人、追寻梦想、体验人生的时候。一个冷酷的事实是，等你终于攒够了养老的钱，即使不是全部，大半人生都已离你远去。更糟糕的是，倘若遇到上文中列出的经济衰退状况，你很有可能六十岁也不能退休。真见鬼，有可能你都活不过六十岁，或者退休后就只活了一周。既然如此，你为何不及时行乐或者在能预见的未来做想做的事，而是非要把它们延迟到退休以后，要知道你可能都活不了那么久。

在我看来，浪费人生 71% 的美好时光，这件事想想就让人害怕。最糟糕的是，即使你放弃了这段时光也无法保证退休后就能获得预期的回报。你永远都无法摆脱节衣缩食的日子，整个人生也不过是反复担忧生计、精打细算而已。此外，你的生活会在三个方面受到限制，它们分别是奢侈品、压力和选择。

首先，选择了低速致富的道路，你立马就得远离物质上的奢侈品。你得放弃梦寐以求的汽车，放弃周游世界的理想，放弃去高级饭店就餐的机会，还得放弃众人渴望的奢侈生活。不知道你作何感想，但是我想要见识并拥有人生中一切美好的事物。这件事不一定是开上法拉利或是买座小岛，但你肯定有自己想要的贵重之物。可能你想要让四个孩子都上好大学，帮父母还清房贷，或是为生病的表弟支付医药费。如果是这样，那么选择低速致富的道路只会让梦想化为泡影，你也永远不能得到最渴求的奢侈品。没错，你可能有能力买一辆不错的汽车，没有欠债，但是如果到最后你日思夜盼的事情却没有成真，那你的人生怎么算得上是有品质的呢？

其次，更为重要的是，你要一直承受压力。当选择了低速致富的人生道路，你肯定会因为钱而忧虑。为什么呢？因为你的人生会以节衣缩食为基础，各类账单、外出就餐以及其他日常开销会让你忧虑，因为收入是有限的。

金钱几乎可以买到一切，但最重要的是，它可以让你没有金钱上的顾虑。现在，我的日常开销只占月收入的四十分之一，因此每个月我都会把富余的钱存下来养老。我有很酷的玩物，可以作有趣的冒险，但更重要的是，我的生活没有金钱压力。

出去吃饭时，我想吃什么就点什么。账单出来时，我不会在意，也绝对无须为此担忧。此外，更重要的是，每日起床，我都可以用心生活，不必介怀细枝末节的开销，即使是大的开销也不在话下。只要对自己的财富管理得当，我便可一辈子不为钱发愁。

反观那些选择低速致富的人，他们根本无法做到这些。他们吃饭给小费得精打细算，电话账单多出二十五美元就要生气，生活依赖信用卡，因此对信用评分很在意。空调多调低几度，或是偶尔没关灯不应该成为发火的理由。几个月来，我都没有关注过电费，也并不在意这件事，因为它无关紧要，更不会影响我的情绪。任何人只要过着为钱发愁的日子，他的生活质量都会大幅降低。

然而，最重要的是，你会失去选择和个人自由。此刻，我有很多的选择。我可以写这本书，也可以不写；我可以明天早起工作一天，也可以玩一天的电子游戏；我可以一会儿就坐飞机去西班牙，也可以一个月待在家里不出门。管他呢，只要我愿意，我就可以关掉手机，好几个星期都不问世事。

我为什么能这样做呢？因为我实现了财务自由，可以随心选择生活方式。我可以选择自己想做的事并决定什么时候去做这件事。

当过上低速致富的人生，你的选择就会受到限制。只有条件允许时，你才能去度假；你必须按时起床去公司，完成工作；你不能随意请假，与妻儿一同进行公路旅行。你无法控制自己的选择，你的选择受制于你的老板、工作以及职责。

最糟糕的是，你的一切选择都要围着钱打转。

目前，我正在经营一个订阅量不断增加的 YouTube 频道。我做这件事不是为了钱，是因为做这件事让我快乐，正如经营企业让我高兴一样。等搞定这些事，我就可以和女友约会，或是一连数小时看冰球比赛。金钱不是我每天、每月甚至每年做决定的唯一考量因素。

　　在我看来，高品质的生活就是让自己快乐，对自己的想法和行为感到满意。但是，当做决定只考虑钱时，你很少能选择让自己快乐的事情。因此，你的生活品质会降低。

　　说了这么多，让我们来总结一下本章的内容。

　　如果选择了低速致富的生活，你……

很有可能会面临经济困境

失去了对未来财务状况的把控（风险也不在你的控制之中）

任由自己前 71% 的生命为工作独占

错失实现梦想人生的一切机会

一辈子为金钱发愁

不能自己做决断，因为你的选择只取决于金钱和时间

　　所有这一切就只为在年老体弱、再也无法过上你想要的生活之时，勉强维持生计，或者乐观一些，过上舒适的生活。

　　反之，若是选择了快速致富的人生，你……

能掌控未来的财务状况

能花时间做自己想做的事情

很有可能得到所有或者大多数你想要的奢侈品

有机会摆脱金钱压力

能够自己做决定，因为你的选择是为了让自己快乐

　　读完这一章，你必须懂得这样一个观点：每个成功人士取胜的关键在于对低速致富人生的极度鄙夷。白手起家的有钱人懂得，风险最小的打赌就是把赌注压在自己身上，因为如此一来，成败全靠他们自己。

　　除非你能够完全吸收本章所列的内容，否则你很难实现梦寐以求的成功。你听说过很多企业家经历贫困的故事——他们在车库工作，在宿舍打地铺，几次遭遇破产——其中的原因就在于，他们懂得这个道理。只要你能掌控成败，贫穷也只是一时。这些企业家放弃了几年比较舒适的生活，一心打拼生意，为的是之后能够进入快速致富的极乐之地。

　　企业家明白，做一件事情，你的投入越多，就会做得越好。经历几次失败很常见，但是如果你能从失败中吸取教训，总结出失败的原因，你终将实现自己的目标。而且值得庆幸的是，要想过上富裕的生活，你只需要成功一次即可。

　　这就是财富的第一大支柱。没了它，别的一切就无从谈起。除非你能够坚决抵制低速致富的想法，全身心接纳快速致富的观念，否则你永远都不会有实现梦想的动力。

第二大支柱

分离时间与金钱

我相信你肯定听说过"时间就是金钱"这句话，对吧？

你可能也听说过或者看过电影《华尔街之狼》，是吗？如果没有，让我来介绍一下。

这部电影讲述了20世纪90年代著名的华尔街大亨乔丹·贝尔福特 (Jordan Belfort) 的故事，乔丹从别人身上欺诈了巨额资金。二十六七岁的时候，他每年的收入超过五千万美金，考虑到通货膨胀，这相当于2015年的一亿美金。长话短说，乔丹深谙快速生财之道。

看过这部电影，你会记得乔丹90%的时间几乎都在吸毒、聚会和嫖妓。实际上，乔丹总是处在吸毒的快感中，他甚至不知道自己身在何处。

我希望你能从这个例子中学到，乔丹把90%的时间都用来花天酒地，但他每年还是能够进账一亿美元，而且这些钱都是纯利润！时间就是金钱的说法适用于此例吗？显然不适用，因为时间并不总是等价于金钱。如果这句话是真理，六个月之后，乔丹就会变得一贫如洗，或者他压根就不可能成为富人。

在电影中，乔丹的巨额财富并不是用时间换来的，而是由他的股票经纪人以及销售团队创造的。乔丹在维加斯醉到不省人事时，员工在为他创造数百万的收益；乔丹造价二千五百万美金的游艇沉没时，员工也在为他创造数百万的收益；乔丹不管是在做好事还是坏事，员工一直在为他创造数百万的收益。

那么乔丹是怎么做到这一切的呢？首先，他为低价股创造了一套极具诱惑力的推销辞令。其次，他让股票经纪人牢记这套推销辞令，相当于克隆出了好几百个他。之后，股票经纪人每天都会向名单上的有钱人打电话推销，将这套说辞重复数千遍。

此时，乔丹的时间对金钱没了半点影响。他创建了一个体系，就好比是一台机器，不管他在做什么，这台机器都会时刻运转、创造财富。

实际上，这时候乔丹的财富只取决于他如何指挥机器，如何做商业决策。他的一项决策能够带来数百万的收入，原因是机器会执行他的决定。这一机制真的很奏效，因为他的决定最终使他锒铛入狱，净亏损一亿美金。乔丹因吸毒丧失了工作能力，在这种情况下，若要造成如此大的损失，他就必须将财富创造与 99% 的个人时间分开。

尽管乔丹成功地创造了这样一个机制，但他很快就被财富和自大蒙蔽了双眼。简而言之，乔丹最初的明智之举虽说让他有大笔财富，但他后来做出了许多错误的决断，使得生活的各个方面都受到了影响。看过这部电影，你会发现除了创立这套机制之外，他做的所有决定几乎都是错误的。倘若能够稍加克制，他也很有可能侥幸逃脱欺诈的罪名。但是他接连做出了一个个错误的决定，不假思索就采取了行动。

这就证明，如果一个人能够理解财富的支柱，懂得如何创造财富，那么即使他做了一些错误的决定，也能够成为超级富翁。

乔丹也许是个诡计多端、愚蠢的瘾君子，但是他深谙财富的第二大支柱，所以他的这些缺点就变得无足轻重了。乔丹懂得将自己的时间和赚钱这件事分开，正因如此他很快就发了财。

在继续下文之前，我想要再次说明，我对乔丹这个人充满了敬意。在我谈及的那段时期，他的确做了很多糟糕的选择，但虽说如此，他仍旧实现了华丽的转变，并且成为了一名出色的推销技术培训师。

我再重复一遍，好让你牢牢记住这个观念，消除时间的影响是致富的关键所在。这样做对于你来说意味着什么呢？让我来解释给你听。

一天之中你所拥有的时间是有限的。唐纳德·特朗普（Donald Trump）拥有的时间和普通人是一样的。不管你是谁，你每天也只有二十四小时吃饭、睡觉、工作、运动、学习技能、陪伴家人、堵在路上、上网刷剧、担心忧虑、拖延时间以及达成目标。

正因时间有限，每个人能完成的工作是有限的，实际上，他能赚的钱也是有限的。这就留给我们两个选择。

选择 1：提高时间的价值

这是律师、职业运动员以及少部分"通勤斗士"所采取的方式。这些人是按小时或者项目计薪。勒布朗·詹姆斯[1]（LeBron James）才华出众，他的一分钟价值数千美金。但是，一天算下来，他的时间也只有那么多。尽管他能赚大把的钞票，但是他的收入也有上限。

要知道，这种思维方式的问题在于，为了让时间变得有价值，你的工作必须出色到令人难以置信。此外，即使你是镇上最好的画家，或是州内最出色的会计师，你的时间价值还是会由别人决定。关于这一点，我之后会做出解释。

首先，做到出色得令人难以置信是件困难的事，而且也不受我们的控制。要想成为业界的顶尖人物，你必须极具天赋、聪明过人。但大多数人都不是天赋异禀，智商也与常人无异。照这么说，我们从一出生就不具备条件。要想做到像

---

1 美国职业篮球运动员，司职小前锋，绰号"小皇帝"，效力于 NBA 克利夫兰骑士队。

勒布朗·詹姆斯那样出众或是有名，让你的时间也变得同样值钱，这种可能性很小。不是没有可能，而是这件事难度太大、希望渺茫。但这只是老师、家人和同事教给我们的思维方式。一小时的工作量等价于 X 美元；一年的工作量等价于 Y 美元；一辈子等价于 Z 美元。

　　其次，你的时间值多少钱是由别人决定的。如果突然没人看篮球比赛了，老板就会认为勒布朗的时间一文不值，也不会向他支付百万年薪。如果老板认为你的时间不值六万美金，他每年支付给你的薪酬就不会超过这个数。即使作为自由职业者或是企业主，你可以自己定价，倘若你的价格太高，有些人就不会购买你的服务，这实际上也意味着别人会决定你的价值。长话短说，你的收入也是由别人决定的。继续阅读本文，你会发现控制权是快速致富的一个重要理念。

　　倘若我们每天都有用不完的时间，能够向人们推销他们感兴趣的商品和服务，那么上述问题将不复存在。但时间是有限的。我需要重申一下，大多数人都很平凡，我们的时间也值不了那么多钱。这就意味着，我们这些人注定只能赚很少的钱，原因是我们的时间不仅有限，而且还不值钱。除此之外，不管做什么，我们都无法延长时间，因此作为单个劳动者，我们无法提高个人收入，也不能随心所欲地使其增加。

如果我们还认为时间等于金钱，那么快速致富这件事将极具挑战。所幸我们还有另一个选择。

选择 2：独立看待时间和收入

毫无疑问，乔丹·贝尔福特的推销辞令十分精明。但是，倘若他没有扩大业务，也没有将这些推销技能传授给员工，那么现在我们也不可能还提到他。即使乔丹的推销说辞很棒，但如果他只是一个人做这件事，那么他也不可能发财。事情就是这么简单。因为如果没有别人帮忙，他每天只能打那么多电话，他能管理的客户也十分有限。

乔丹之所以能迅速发家，其原因在于，他一开始就将时间和收入完全分开，这意味着他的收入不止取决于时间。他的时间是一定的，而时间的增值幅度也非常有限。实际上，乔丹自己单干的时候每个月大概只赚 7 万美金。但当他转变经营模式，招募更多员工，教会他们那套销售辞令之后，这相当于他被克隆了数百次，而他的月收入也因此迅速攀至数百万。

正因为如此，当我们想要迅速致富时，我们就要创立一项能够将时间和金钱分开的业务。我们不应该像其他人一样试图增加时间的价值，而是应该像乔丹那样创造一台能时刻创造收入的机器。与人力不同，在员工和科技的助力之下，这台机器可以不停歇地工作，完成无限量的任务。这样的机器可以在我们睡觉、旅行甚至约会的时候不停赚钱。换而言之，你的收入将不取决于你的工作时间，只要机器运转你就能赚钱。

与其花时间工作，不如想办法创建能够替我们工作的体系。这一术语名为被动收入（Passive Income），它指的是一旦我们建立了某种机制，无须投入时间，便能够获得的收入。简单来说，这意味着即使在摇滚音乐会上喝得酩酊大醉，你也在赚钱。这个想法很棒吧？下面我来举个例子。

我如何做到分离时间和业务 / 收入

我的大部分业务都基于软件。吸引客户的广告、公司的网站、销售和收款流程以及实体的软件都能独立运转，根本无需我在场。这个体系的每一环节都需要花时间创建，但是，建成之后只需要很少的时间去维护。

实际上，销售一百件或是一百万件产品，几乎不影响我的时间投入。这种方式使我销售了无限量的产品，为我创造了大笔收入。如果每个业务都需要我亲力亲为，那么我绝不可能赚到这么多钱，因为我的时间是有限的，而在有限的时间里我能服务的客户也是有限的，这就意味着我的收入也是有限的。但现实并非如此，不管我本人是在做什么，客户并不会停止购买，他们会为我的软件买单。

其实限制我收入的唯一因素是市场规模以及系统的销售能力。因此，这个时候我只需要确保机器不出故障就行。此外，当机器挖掘完市场需求后，我就可以在别的市场上投放新的机器。这一支柱和理念真得很简单。

简而言之，我能够赚多少钱并没有上限，而且业务的扩展速度也不受限制。这也意味着我能够通过出售公司拿到很多钱……之后我会就此点作详细说明。

你该如何分离时间和业务 / 收入

刚开始创业时，你的时间价值会非常低……除非你是某一领域公认的专家。随着你赚的钱越来越多，你的时间价值也有可能会增加，因为你的专业技能在提高。但是，我们暂且先假设你的收入极低。由于缺乏专业技能，你没有老板，没有员工，也没有任何的知名度，你的时间不值什么钱。

因此，你需要找到一种行之有效的流程，然后迅速克隆自己，这样不管你是否参与其中，它都可以不停地运转，就像我和乔丹·贝尔福特所做的那样。

说到这里，克隆自己和制造机器有多种含义。我所说的机器既可以是一个带自动配送功能的网站（创建这样一个网站花不了多少钱），也可以是雇用销售人员或员工去重复完成某项任务。分离时间和金钱并不是一项单独的任务，你不能将其视为独立目标。

要想将时间和金钱分开，你首先要找到一种奏效的方法。比方说，如果你要出售房产，第一步你得定好可行的销售流程。之后，有了这套流程，你还需要尽可能让你的公司实现自动化，这样你才能分离时间和金钱，你的收入也将不再受时间的限制。

这样的例子还包括创建一个接受客户预约的网站，投入能够吸引客户的广告以及雇用其他人为你销售房产。例子虽说简单，但由此你能够明白如何分离时间和金钱。如果此时你能将四名新员工培训成像你一样的人，那么你就能轻易让收入翻两番。

或者假设你要涉足互联网营销，为别人的产品打广告。每卖出一件产品，你能得到 50% 的佣金。即使这项业务能盈利，但你一个人只能负责几只广告，这样你赚到的钱也只有那么多。倘若你雇用了一名员工，让他将这套流程运用到别的市场，那么通过复制并使这套流程自动化，你就可以剔除时间对收入的影响。

这么说你明白了吗？明白了吧？好了，现在就不纸上谈兵了，让我们进入实战，学习一下如何在生活中运用这一支柱。

废话少说：如何将想法转变成切实可行的步骤

你知道我最讨厌什么吗？每次翻看商业类的书籍，作者都只是提出一些想法。然而要落实这些想法，我们还要知道具体的实施步骤。因此，我将在很多章节的末尾给出实施想法的步骤，不管你是商场小白还是业界精英，它们都很受用。

我会在需要的章节末尾给出行动步骤。对于新人和老手，有些支柱对他们同样适用，而有些则需要区别对待。因此，就其中一些支柱的运用，我会为新人和老手分别给出建议。

商场小白如何分离时间和收入

如果从未创过业，听到不用工作就能赚钱的说法，你可能会难以置信。好消息是，你可以将这个想法运用到首次创业当中，马上验证它的真假。

第一次创业时，首先你要确定自己希望从事的业务类型。你可能已经有想法了，但是如果还没有，你也无须担心，因为后文会涉及这方面的内容。要牢记，每次创业时，你都必须运用这一思维模式。

如果你想要从事某一业务，在行动之前，你必须先回答这几个问题：

如果我不亲自出马，生意能赚钱吗？

这种赚钱的方法可以由他人操作或是由机器自动完成吗？

如果这项业务做成了，我能培训别人来接手它吗？

有没有可能让一百美元与一百万美元的销售步骤一样呢？在不增加时间投入的情况下，我能否扩大业务规模呢？

如果你的商业构想能符合每一条的内容，那么或许它就能成功。如果不符合，或许你就要三思了，因为不满足这些条件的业务，即使能成功，那也需要你投入大量的时间，牺牲自己的生活质量。更糟的是，它会让你无暇从事其他能通过上述测试的业务，使你没办法用更少的时间赚更多的钱。

今后，你再有点子时，先过一遍这些问题，想想是否能找到一种可以通过测试的商业模式。一些平常需要投入时间的业务，加以筹划后亦可变为不需要投入时间的业务。你只需要在构思业务时认真思考、开动脑筋就行了。

重要提示：请记住，任何业务在开始阶段都需要投入时间。大多数不需要时间投入的业务，它们在前期耗费的时间要远超过那些需要时间投入的业务。关键在于，你要创建一个能转化成不需要时间投入的业务。上文列出的问题会帮你做到这一点。

资深企业家如何分离时间和金钱

这是一个极具价值的问题。世上有不计其数的企业家，他们每年能有成百上千万的收入，但每周却要花上六十多个小时维持业务。这样的做法不仅使他们无法扩大规模、获得更多的收入，而且还局限了他们生活中的选择。这些人虽然有自己的业务，但是却成了业务和金钱的奴隶。他们绝不可能实现业务的自动化。这个问题很严重，因为将时间和金钱分离是变得真正富有、过上高品质生活的关键。

举例来说，我有一个朋友，他的营销业务每个月能有20多万美金的进账。但是，经营业务的只有他一个人，因此他本人需要投入大量的时间。他无法再提高收入，因为时间投入已经到了极限。虽然他能赚到钱，但是毫无自由可言，因为业务让他无法脱身。他的工作非常繁重，甚至连花钱享受的时间都没有。

这个现象很普遍，律师、医生、按摩师、营销服务提供商、私人教练以及很多职业都是如此。他们不能摆脱这一恶性循环的主要原因在于，他们不知道如何让业务自动化，或是把业务交给他人去做，又或是他们不想因为雇人而损失利润。针对这个问题，我要讲一个小故事，这个故事我经常会讲给朋友和陌生人听。

有两个营销员——乔和尼克。

乔任何事都亲力亲为，因为他这个人特别固执，不愿意请帮手。他一天工作十二个小时，并且以此为荣。但正因为每天要花这么多时间打理生意，因此出现了下面的状况：

乔是一名职业营销员，但是由于他要花时间做设计、支持、编码以及其他一些事情，因此他没有办法全力推进业务。

由于他的时间要分成五份，分别做不同的事情，因此他没办法精益求精地做好每件事。毕竟他的一天也只有二十四小时。

与之相反，尼克却从每月十万美金的收入中拿出三万美金，雇用了一名开发员（工资一万）、一名设计师（工资五千）、一个支持团队（工资五千）以及一名内容制作人（工资一万）帮他做业务。

尼克每周一起床后会和员工开会，确保所有人知道自己的工作任务。通过这样简单的沟通，所有员工每天的工时加起来能超过四十小时，而乔每天的工作量只有十二小时。

更厉害的是，尼克业务的每个环节都由该领域的专家完成，这些人只专注于各自的领域，因此他们的工作质量要高很多。

正因如此，尼克能有时间思考如何改进业务，更上一层楼。这样一来，尼克不再每天花十二个小时经营业务，他只需要花八个小时关注并推进业务就行了。

现在，到了月底，周末都不休息的乔，每天工作十二小时，满打满算也只投入了三百六十个小时，其中至少有一半的时间还要用来经营业务。

另一方面，尼克和员工每周末都休息，他们一共投入了一千二百个小时，而且都能保证专业性。

只看数字就能发现，尼克的业务增长了，因为总工时增加了，而且与乔相比，他有更多的时间扩大业务。

随着业务的增长，尼克继续拿出 30% 以上的收入雇更多员工。两年内，尼克每月的营业收入达到了一百万美金，除去给员工涨工资以及在必要时雇用新员工的开销之外，他本人每月能拿到七十万美金，而所有人都是正常上下班。

随后尼克以五千万美金卖掉了公司，然后就退休了。尼克的业务运转不需要老板花费时间，因此想卖掉它轻而易举。

再看看乔，他把月营业额做到了二十万美元，但此时他已把所有时间都花在了经营业务上，因此收入也到了极限。之后会发生下列情况：

乔被迫每天都工作十二小时。乔无法出售业务，因为他的业务全靠他在做。

乔有了竞争者，此人比他动作更快，产品又更胜一筹。

乔无法与之匹敌，被迫停业。

乔休了几周的假，等他复出时，由于他不在，公司开始亏损。终于有一天，乔不堪重负，多休息了一段时间，结果由于市场形势的变化，公司支撑不下去了。

你更愿意成为他们中的谁呢？

你需要明白，多数情况下，作为企业家，明智地拿出一大部分收益拓展业务，总是能够增加你的利润。在一家年销售额能增至一千万美金、售价还能达到数千万美金的企业拿到 30% 的利润，要远胜于在一家卖不出去、年营业额二十万封顶的企业拿全部的利润。

你必须要审视自己的业务，然后思考一些问题，这些问题与我之前给商场小白的问题类似：

业务的哪个环节可以由员工完成，或者在科技的辅助下实现自动化？

有没有办法能让员工学会我的技能，然后为我所用、代替我工作呢？

有哪些技能是我不具备但又是发展业务所必需的？

下面我将举例说明如何将这些问题运用到实际业务中。

例1：

一位受人尊重的按摩师行医治病，每周工作六十小时，一年能有二十万美元的收入。为了使业务实现自动化，他开了间诊所，雇用了别的按摩师并向他们传授技艺，以此保证每个医师都有像他一样的高水准。之后，他又开了好几家连锁店。最后，他雇了一名广告经理，负责招揽更多客户。

目前他拥有五家诊所，每家诊所有三位按摩师，每人每年能创造十万美金的收入。现在，他不需要看病就能有一百五十万美元的进账。

这个经营模式可以推广到其他职业人群，比如律师、理疗师以及营销专家。

例2：

一位有名的汉堡厨师每周要工作八十小时，才能保证餐厅有二十万美元的年利润。他拥有一块金字招牌和令人称赞的菜谱。厨师决定出售品牌，开创连锁店。同时，还构建了网络自动配送系统，让这些连锁店实现销售自动化。而连锁店则需要交纳40%的加盟费，才能使用他的品牌、菜谱以及配送系统。

现在他有了两百家连锁店，每家店都能贡献一万美金的月收入。他不用亲自下厨，每个月就能赚二百万美金。

你明白了吗？所有耗费时间的业务，只要能采用自动化流程，并且进行适当的商业规划，都能成为耗时少的赚钱机器。即使你目前无法脱离耗时的业务，你也可以采用一些简单的方式，将时间和金钱分离。

找回你的时间

时间是这世上唯一无法增加的事物，所有人每天都拥有相等的时间。要想成为富人，你必须通过雇用员工或者打造机器获得更多的时间，让别人为你工作，而你则要把时间花在扩大业务上。纵观全世界最盈利的公司，公司老板根本不必花时间经营，他们甚至不需要出面。我认识的每个成功人士都明白这个道理，而世上最富有的人更是乐此不疲地运用着它。事实上，世界上的大富豪都是拿钱赚钱，不需要投入丁点时间。例如比尔·盖茨，他的投资收入就有数十亿，钱能为他带来更多的财富。时间不会对他的业务产生影响，他照样赚得盆满钵满。如果不分离时间和收入，那么你就无法变成想象中那般富有。

你必须牢记这一点，才能找回自己的时间。

第三大支柱

承认你要比别人强

本章中，为了更好地阐明观点，我想谈谈赛车行业，你可能也听说过（美国）全国运动汽车竞赛协会（NASCAR）。

假设现在你被传送到了另一个宇宙，在那里你是一名前途无量的赛车手。不可思议的是，你拥有成为顶尖赛车手的天赋。现在我要你继续想象……

由于一些稀奇古怪的原因，汽车竞赛协会的赞助商很喜爱你。你开着最先进的赛车，拥有最顶级的维修团队，车上配备的非法装置还能让你的车比其他人的车时速高出二英里，这在赛车时可谓是天大的优势。现实中，赛车配备非法装置非同小可。但是，假设你就是这么拽，汽车竞赛协会没人过问这件事。

你占尽了天时地利人和，但唯独有一个问题：你这个人很自卑，不相信自己能赢得比赛，因此你不敢开快车、不愿承担风险。实际上，你觉得自己水平一般，成不了冠军。你甚至还不知道自己为何会如此这般。

对于你现在的处境我想提一个问题：即使你占尽优势，你是否相信自己会成为最终赢家？与其他的赛车手相比，究竟什么才能让你赢得比赛？

你先好好想一下。

如果你面前有个机会，但是需要你承担一点风险，你是否愿意尝试呢？不会，因为你觉得自己资质平平，不相信自己能够成功。

如果比赛到了白热化的阶段，你和其他三名赛车手不分伯仲，此时你是愿意挑战极限战胜对手，还是放慢速度确保安全呢？你可能会惊慌失措，然后放慢车速，因为你不相信凭你的技术能够赢得比赛。如果试图超越对手，你可能会失去控制，甚至糟糕——撞上其他的赛车。因此，与其承担这样的后果，还不如安全为上，对吗？大错特错。

整个赛车过程中，你愿意迎接挑战，像个伟大的赛车手一样采取行动吗？当然不！你还是会选择最平稳的路线，希望能侥幸赢得比赛。

这样说是不是很残酷？你是否会生我的气，心里想着"埃里克斯（作者），我不是你说的那种人。我真的非常努力，但就是不成功。"怎么说呢，事实很残酷，如果不是因为害怕失败、追求安逸而令你遭遇失败，那么或许你也没必要看这本书。只有把创业当作人生的头等大事，你才能真的成功。如果你做不到，那也没关系。但是你必须承认，这样你成为百万富翁的几率就很小。与其总是找借口，倒不如承认，在你看来，家庭、安逸、懒惰或是过平凡日子都比发财更重要。

言归正传，看过我刚才说的内容，你会明白，即使占尽世上所有的优势，如果你不相信自己会赢，那么你也不可能胜利。如果你相信自己能够赢得比赛，那么你很可能就会赢。如果你觉得自己毫无胜算，那么我敢保证，除非其他九十九名赛车手同时被闪电击中，否则你绝不可能获胜。除非你坚信自己是最棒的，否则就算是技艺超群、装备先进也不一定能赢。你必须相信自己是精英，打心眼里认为自己比对手强。如果不是这样，你就没法做出正确的选择、抓住机遇打败对手，最终赢得比赛。

我的问题是：你觉得自己优秀吗？你具备他人没有的优势吗？如果同一间屋子里有九十九个人和你做一样的事情，你会是那个最优秀、最聪明、最能干、最有才华的人吗？

如果你觉得自己不是，或者回答得很勉强，那么很抱歉，你肯定没戏。在统计学上，只有1.1%的家庭有上百万的财产，而算得上百万富翁的个人也远少于1%。

想要成为有钱人，就相当于你同意接受挑战，做到比地球上99%的人更会赚钱。单是尝试成为有钱人，你就得接受这样的事实——你不仅做到优秀，还得出类拔萃。如果你有不一样的想法，那么还没开始你就已经输了。如果你是那99%中的一员，而且还不愿意转变思想，那么这本书也只能成为你如厕时的消遣读物。

如果换作是你问我之前的那些问题，我肯定每次都会自信满满地给出肯定的答复。我确信自己是本行业内的拔尖人才，我比世上 99% 的人更会赚钱。和几乎所有我认识的人相比，我的思维更敏捷、动作更迅速、想出的点子也更精妙。

我能用数据证明我说的话。上高中时，我认识好几百人。在这些人当中，我是唯一的百万富翁。如果你随便从我们学校找一百个人，然后把我们放在金钱版的饥饿游戏中，我肯定能完虐所有人。更完美地是，即使你让他们每一个人都来和我对抗，比赛我所从事的业务，那么没有一个人会是我的对手。

这没什么好尴尬的，没错，我就是比 99% 的人更会赚钱。千万别把自信和自大混为一谈。我清楚自己的能力，自信是我成功的第一步。如果我是刚才那个例子中的赛车手，我会抓住一切可以赢的机会，因为我真心认为自己是那一百个车手中最厉害的，不管遇到什么障碍，我都能应付得了。

这个简单的想法蕴含着无穷的力量，差不多这是赚钱唯一需要的。相信你自己很优秀，认同你必须做到优秀，这就是财富的第三大支柱。事实上，如果看完这本书你只能记住一个支柱，那也必须得是这个。在本章中，你会明白这一支柱威力十足，它能让你创造出巨额财富。但是，若没有其他支柱的配合，通常也会造成巨大的财产损失。

阻止你前进的最大障碍
是认为自己很普通或是不够优秀

我一直告诉人们我在做什么、又是如何赚钱的，而且还告诉他们轻松赚钱的方式。我对他们说，只要观念正确、方法得当，大家都能成为有钱人。此外我还为他们提供了赚钱的思路。

我让他们去做软件，他们会说"不错，但我不知道怎么编程"。

我让他们学习销售或者直接尝试卖东西，卖什么都行，他们会说"哦，这样啊，可是销售让我浑身不舒服"。

我让他们做网络业务，他们又会说"我可不像你那样精通网络呀"。

没错，这是我得到的真实回应，这些人认为自己资质平平、不够聪明，或是没法战胜挑战。这类人不相信自己能有一番作为，因为他们不觉得自己值得拥有成功。他们只会继续过着"通勤斗士"的生活，永远也成不了有钱人。

但是，倘若你真心觉得自己很优秀，一切都会改变。如果把刚才跟 99% 的人所说的话，同样告诉另外那 1% 的人会是怎样呢？

你应该做软件。

"我不懂编程，但我肯定能学会，或者至少想办法雇一名开发员帮我做软件。"

你应该学习销售。

"销售真得让我很不自在，但是我会学着克服，变成一台销售机器。"

你应该经营网络业务。

"天呐，我根本不知道别人是如何上网赚钱的。但如果别人能做到，那么我肯定也能。"

有趣的是，例子中的这个人可能是个彻头彻尾的大白痴，很容易受他人的误导。但既然他觉得自己很优秀，有能力做成这件事，那么和之前的人不同，他会采取行动。如果他能改变自己的人生，他的所有行为和想法也使他达成了目标，那么任何事都无法阻挡他。之后，终有一天，他会大获成功，令成百上千甚至上百万的人都承认他的优秀能干。

由此你可以看出，只要有了这个简单的想法，白痴也能变富翁，但若是没了它，天才也会成乞丐。打开电视，每天都能看到普通人（甚至能力低于常人的人）凭借一般想法成为富翁的故事。和普通人唯一不同的是，这些人相信自己能够成功，这已是屡见不鲜了。随便去集市走一走，愚蠢的想法随处可见。只要看一集《鲨鱼坦克》，你就会发现很多可怕的点子有时却大受追捧。猜猜怎么着？尽管有些想法愚蠢极了，但是那些人真得相信自己，正是这种想法才使他们走向了成功。

还记得毛毯袍吗？还有情绪变色戒指以及唱歌鱼？这些点子是愚蠢还是精明决于你的判断，但是它们创造了数百万的收益。到头来，这一支柱就是这么有力量。实际上，它对傻子的作用更大，因为傻子能够无视逻辑和常规，他们愿意承担普通人绝对不会承担的风险。

另一方面，偶尔也会有超级大亨破产的消息。我就认识一个人，他以7000万美金的价钱卖了公司，然后买了座小岛。但是两年后，他又开始了朝九晚五的工作，原因是他破产了。之所以如此，是因为他没有掌握财富的其他支柱，之后本书将逐一介绍。你可以看到，这一支柱或观念是多么强大，它可以创造财富，但另一方面，如果没了其他支柱的辅助，它也会摧毁财富。即使傻瓜能凭借一个点子走大运，但如果他没法提高自己，也很难做到富裕一辈子。

我之所以总是提到"白痴""傻子"这样的字眼，是因为这些人死忠于自己的信念，他们追求正常人不会追求的目标，追逐只有傻子或白痴才愿追逐的事物。我确信你也有这样一位朋友，不管别人怎么说，他总是在追寻自己的梦想。或者，我相信你认识的人当中，有人即使之前总是屡战屡败，但依然盲目自信。

重要的是，这些傻子通常还很自信，因为他们不知道山外有山。而且你知道吗？这是个很棒的优点。正因如此，那些看似愚蠢的想法成了价值百万的金点子……因为想出这个点子的人相信自己，他会努力让梦想成为现实。但是，我之前也提过，这些自信满满的傻子，他们的成功不会长久，除非他们能掌握并运用书中其他的支柱。

我要继续本书的内容，并且假设你不是一个傻子，你会用心记住书中提到的其他支柱。但在此之前我所讲的一切都证实了这一"伟大"支柱存在的必要性。我们要做的是，像傻子一样自信，如专家一般务实。有时你只需忽略常识，盲目信仰。普通人做不到这一点，因此但凡有一丝风险，他们也不会把赌注下在自己身上，无法勇敢向前。

你必须相信自己很优秀

现在你要记住一点，这不是一本嬉皮士[1]的自助教材，我不会跟你说，"只要你用力去想，一切都会成真"。这一支柱之所以会产生如此大的作用有其科学依据和数据支撑。这涉及到我所说的信念—行动—结果（Belief, Actions and

---

1 嬉皮士是 20 世纪六七十年代的青年颓废派，摈弃传统的生活、衣着和行为方式，提倡和平与爱情，多蓄长发，其中有很多人吸食毒品。

Results）系统。

我之前已经说过很多次，信念驱使着人的行为。如果你觉得自己相貌出众，在异性面前你自会表现得异常自信，我也不必解释这会带来怎样的结果。只要有了自信，你就会有某种行为，而这些行为会带来或好或坏的结果。

因此，你如何才能得到巨额财富呢？当然是创立比其余99%的公司更出色的企业。那么究竟如何才能创立一家出色、成功的企业呢？

答案是：相信并接受这样一个事实——你必须做到优秀。

人这一辈子，总有人在说我们不可能变得伟大。实际上，这一生中，大多数的老师和导师都会让我们相信，人生很惨淡，我们要做最坏的打算、接纳"通勤斗士"的人生方式。

说真的，是否有老师曾经告诉过你，你有机会成为超级富豪，能够买下一座岛屿呢？让我们一起回答这个问题："从来没有。"如果他们表扬你某件事做得很好，他们大概会说，"你很聪明，你可以去一所好的大学"，或者"有一天你会成为一名优秀的律师"。尽管老师的初衷可能是好的，但是他们的话让你相信，成为一名通勤斗士就说明你成功了。（对某些人来说，的确如此。如果你梦想长大后成为一名律师，而现在真就成了律所的合伙人，那么你算是成功了，因为你实现了自己的梦想。或者你希望成为一名老师，你做到了，这也算得上成功。但这并不是我要探讨的内容。我的假设是，本书的读者希望成为超级富翁、1% 的顶级企业家，并取得随之而来的巨大成功。）

不管是学校老师，还是校外导师，他们都告诉你，读完高中最好的结果是上大学。他们从未说过，不上大学、没有朝九晚五的工作，通过采取一定的策略，你也可以成为有钱人。这些老师也不是有钱人，所以他们也没法让你去做一些他们自己都无法完成的事情。

正因如此，当人们希望变得富有时，他们有两种做法：

他们会打消念头。他们不相信自己很优秀或是应该成为有钱人，因此他们甚至不会去尝试。

他们会努力变得富有，但仍旧是普通人的思维。他们不愿意迎接挑战，凡事喜欢稳妥，也绝不会走出他们的舒适区，就像是本章开头提到的那个赛车手。

这种做法都会阻止人们变得富有。好消息是，我有办法克服这些障碍，这也是本章要讲的内容。你能猜猜是什么吗？跟我一起说："我必须相信并接受一个事实，那就是我很优秀。"

例如遇到让你销售软件这样的难题时，可能会让你觉得自己并不优秀。实际上，这件事或许会让你很不舒服，以至于你想彻底放弃。甚至你可能知道该怎么办，但是你也不会去做，因为你觉得成功遥不可及。

但这正是欣然接受自己很优秀的必要时机。有了这样的想法时，你只要退后一步，告诉自己你必须成为一个优秀的人。你要接受这个事实：不管你选择了怎样的市场，你都必须努力工作，成为绝对的业界高手。

只要接受了这个事实，你该怎么做就一目了然了。你只要不惜一切代价做到优秀，没错，就是这么简单。如果这件事需要你学习新的技能、雇用十几个员工，或是每周工作六天，每天工作十二小时向顾客推销产品，直至你成为销售专家，那就这么做吧。最终，如果足够努力，你就会变得熟练，甚至我敢说你能成为专家。这样做之后，你会相信自己的确很优秀。

如果你花了十年的时间学习如何赚钱，那么你想不成功也难。

我有一位很成功的朋友，他的净资产超过了五亿美元，等这本书出版时，可能会接近七亿或是十亿美元。他的名字叫克姆。

第一次创业时，克姆对编写代码或经营业务一无所知。他高中就辍学了，完全不懂编程。大多数人觉得他肯定不会成功。虽说如此，但克姆一直想成为企业家。虽说不知道怎样才能成功，但他明白自己要克服很多艰难险阻才能成功。克姆虽然一无所知，但他知道自己必须不遗余力方可做到优秀。

之前我解释过，如果你能花十年时间自信地奋力向前，那么你最终会成就一番事业。我自认为不是一个好的例子，因为实际上我首次创业就成功盈利，第二个创业公司目前价值超过二千万美金，但克姆的情况和我不一样。克姆创业八次都失败了，因此生活窘迫。而他却是我认识的人当中最有雄心壮志、最发愤图强的人，但我们暂且先假设他不具备克服这些困难的能力。他知道并且认定自己能够变得优秀，也能克服困难，因此他一直勇往直前。

之前我曾提到，你可以创立一家低风险、低投入，但是高回报的企业。但那只是安全、理想的方式，也只是我的个人建议，然而克姆并没有选择这条路。克姆创造财富的方式是，努力在每次挥舞球棒时都能打出全垒打[1]，很幸运的是最终他也成功了。但这并非我提这件事的原因。

退一步讲，有人总抱怨他们创不了业，是因为一些鸡毛蒜皮的事，比如"不懂互联网"或是"不会销售"。但这并非真的劣势，而是可以转变的观念，或是能够习得的领域。当你知道克姆遇到了怎样的不利条件后，你就会觉得这些抱

---

1 全垒打（即"本垒打"，英文：Home Run）是棒球运动中一种打者可环绕内场，按一垒、二垒、三垒、本垒的顺序，踩上所有垒包一周的安打。

怨荒唐可笑。

克姆创业后破了产，穷得叮当响。如果凭数字判断，他成功的几率只有 1/82。谁会愿意为一个毫无胜算的人打工或投资？答案是没人愿意。这正是克姆所处的境遇。

如果想了解故事的全部内容，你可以查看我的 YouTube 频道，检索"埃里克斯·贝克尔对克姆·米尔扎的采访"（Alex Becker YouTube Com Mirza Interview）即可，但我先说一下事情的梗概。经历了八次失败之后，克姆做起了赌博业务。可是公司成立没多久，他便获悉自己要再拿出一百万英镑的资本（克姆在英国），否则就得依法关门大吉。这才是我所说的真实问题／不利条件。

克姆再次认定，要想变得伟大，他就得不惜一切代价。几乎所有的英国投资机构都拒绝了克姆，而最后一次融资告吹后，他只得去办公楼挨家挨户拉投资。如果这事不那么困难、没有压力，他要不了几个小时就能筹到款。

几年后，克姆以数亿美元（英镑兑换成美元）卖掉了公司的股份，成了聚友网[1]（MySpace）的首批投资人。目前

---

1 聚友网是新闻集团旗下的美国在线社交网站，成立于 2003 年 9 月，是目前全球第二大的社交网站，为全球用户提供了一个集交友、个人信息分享、即时通讯等多种功能于一体的互动平台。

他仍是世界上最成功的投资人之一。

我想说的是克姆并不优秀。实际上，在现实生活中，他被看作是彻头彻尾的失败者。但年复一年，虽然经历数次失败，但他依然能不断学习和进取，原因是他明白要想变得优秀就必须经历困难、坚守信念、相信自己能够成功。虽然花了不少功夫，但他最终还是克服艰难险阻，实现了目标。

如果克姆认为自己不优秀，那么他有可能完成这一旅程吗？如果他觉得自己水平一般，那么他还会屡次承担风险吗？事实是，克姆手中一副烂牌，但他仍坚信自己是场上最好的选手，像个高手一般出牌。他不仅成为了世界前1%的富人，还挤进了前0.001%的超级富豪阵营。

如果他不认为自己必须变得优秀、不相信自己最终能够做得到，那么一切也无从实现。如果真是那样，那恐怕在克姆第三次尝试失败后，他会接受一份朝九晚五的工作，屈从于通勤斗士的平庸生活。真是的，大多数人甚至还没经历失败就轻易放弃了梦想，而克姆八战八败，却从未放弃。

这足以看出此支柱对人生的巨大影响。仅仅有了这一支柱，你便可家财万贯，但倘若没了其他支柱的辅佐，盲目自信也会让你倾家荡产。因此，不要将采纳这一支柱与盲目自信混为一谈。要想真地成功，你必须真心采纳这一支柱，但与此同时也要牢记其他的支柱。除此之外，当你将这一支柱与其他支柱结合起来时，你就可以在不盲目冒险的前提下成为富人，因为到时你会明白财富积累的原理。只要你明白金钱和商业的奥义，这些风险最终会成为机遇。

想要变得富裕，证明你不甘平庸，你真地可以做到比世界上的其他人更懂赚钱。那些不相信自己的人绝无可能成功，仅凭技能或想法也不可能成为那 1% 最富有的人。若要成功，你必须要全方位发展，这也正是你要掌握财富十大支柱的原因。

我已经多次提到过，最重要的不是明白支柱，而是要相信并运用其内容。

以下是具体的做法。

新人如何创造财富

如果你第一次听到这个思路，那么你可能会觉得这一章讲的都是不必要的废话。但是，正如我之前解释过的，想象自己很优秀并不能立马让你的账户多出 500 万美元，有技能也无法让你大富大贵。你需要认定自己很优秀，并以此作为你思考、行动以及决策的基础。但如果是初入商场的新人，那么你要怎么做呢？

你要想象，假设我已经是一名优秀的成功人士，我该怎么做。当你遇到问题时，你要问自己："如果我是天生的商业奇才，无所不晓、无所不能，遇到这样的事我该怎么处理呢？"

这么做是不是很过火？没错，但如果遇到困难时你这样问了自己，那么你也就不可能说"我做不到"或是"我不知道该怎么做"。例如，每次我让别人从事网络业务，我听到的都是"但是……"

但是我不会编程。

但是我不擅长与人交流。

但是我不知道怎么做甲、乙、丙。

你可能也会这么想。可能读了这本书，你会觉得"书的内容很有价值，但问题在于作者擅长的事，我并不擅长啊。正因为这样，他就能成功，我却做不到"。没错，的确如此，你这么想简直糟透了。

但是，如果你能按照上面那个问题思考，这些都将不成问题，它会引导你像超级富翁一样采取行动。假设你想创业，但却不会和陌生人沟通，那你只需要问自己，"这种情况下，成功人士会怎么做呢？"你突然就能清楚地意识到，自己别无他法，唯有成为一名娴熟的沟通者。（接下来你还必须学习如何成为一名娴熟的沟通者，但首先你得知道自己要做什么。）

不一定会突飞猛进，但这种思考方式将使你日益优秀。你将不再自暴自弃地说"不管了，我就是不会沟通，还是做好本职工作吧"。相反你会搜索提升会话和写作能力的方法，之后再践行所学的内容。

现如今你会依照思考的结果采取行动，这样才终于有了些胜算。你会赚到一百块，一千块，然后突然觉得"没错，我能做好这件事"。假以时日，你将不再问自己"优秀的人会怎么做？"，因为你自己会成为一名优秀的人，树立起足够的自信。你将凭直觉采取行动，而且也相信自己能够做到，最终你就会大赚一笔。

老手如何创造财富

或许在商场上你已经有过几次成功经验，但目前进入了瓶颈期；或许新对手的出现让你损失惨重；或许你好几周都没有找到新客户，而且原因也不得而知；又或许你只是想要多赚点钱，但却无从下手。通常出现这些问题的原因是，你对从事的业务很在行，但是不够精通。

我发现企业家时常会有这个问题。在大部分时候，他们的内心深处实际上知道该怎么做，但是他们却没有那样做。遇到竞争对手品牌强，质量好时，他们如何去竞争呢？

显而易见，这件事的解决方式是让企业达到更高水平。但他们之所以没有这样做，是因为他们不认为自己很优秀。他们认为自己不是万能的，总有些方面技不如人。

为了确保你能牢记这个重要信息，我将重复之前说过的内容，解决这个问题的唯一办法是消除思维的局限性，询问自己"优秀的企业家遇到这样情况会怎么做？"这样做能给你一个全新的视角审视问题，从而找到解决方案。

我认识很多月收入能达到 1 万至 1.5 万美金的创业者。这的确也不少，但他们不知道该如何突破现有收入，原因就在于他们止步不前。他们想知道如何才能像我或是与我水平差不多的人一样将公司做大。他们希望找到一种策略或秘诀，一方面继续做普通人，另一方面又能像优秀的人一样赚钱。

这个问题的真实答案是，"你必须先成为一个优秀的人，才能像我一样经营大企业"。你需付出大量时间，做出巨大的投入：

增加品牌价值

提高营销能力

改进产品

完善你做的每件事

比方说，我曾经有过这样的经历；公司虽说在赚钱，但却很难扩大业务规模。同一个利基市场中，有些企业赚的钱比我多十倍不止，对此我十分懊恼，因为我也不知道如何才能做到像他们一样。

之后我才明白，我必须要做到优秀。我必须要超越自我，然后超过对方。为了做到这一点，我必须要：

比他们更努力

引进优秀的人才

精通业务宣传

这似乎很合逻辑，但在想明白之前，我的观念是：

我的员工不如他们的优秀

我不懂如何像他们一样做软件

我不擅长企业宣传

我害怕赔钱

直到考虑清楚我必须变得强大才能成功之后，我的想法转变了：

我要学会做软件

我要雇用优秀的员工

我要学习做宣传

与其坐下来想"哪些事我做不到",倒不如开始思考怎样才能做得到。这种思维方式迫使我走出舒适区,我也把之前留下的钱全投进了公司。结果是,我的公司得以迅猛发展。优秀的商人不会躲在自己的舒适区,即使遇到艰难险阻,他们也会努力更上一个台阶。

我再说一次,这种思维模式不适用于破产的商场新人,它适用于那些有钱但想赚更多的人。你的问题总是在于想要停留在自己的舒适区,不愿意精益求精自己的业务。如果你能心平气和地告诉自己,不管花多少时间和精力,你必须做到做好,那么你就不会再心甘情愿待在舒适区里。

假设你的目标是赚钱,但成为业界翘楚与此目标并不一致,那么你很可能也不会长时间从事该行业,或者无法发挥企业的最大潜力。原因就在于你太看重钱,因此可能不愿意花钱投资、扩大业务。但若是想要成为领军者,你就必须追加投资、打败竞争对手。实现这一目标不仅耗费时间、金钱,还要为人所不为。

相信这一事实,不管有多么不自在,也要坚定地去执行。

这样你一定会变得优秀。

朝着优秀的方向努力
就会变得优秀

这本书会让你明白，只要重复这些行为就能达成目标。唯一的重大障碍是，这些行为会受信念的左右。相信自己很优秀就会有不俗的表现，而认为自己很普通则会让你表现平平。

这既是一个你不可否认的事实，也是这一财富支柱如此重要的原因所在。没有伟大的思想就不会产生伟大的行为。即使你坐拥一切有利条件，但如果没有采取恰当的行动，你也无法赢得财富。

我之前说过很多次，独有这一支柱，缺少其他支柱也会酿成大祸。如果想仅凭这一支柱过活，那么最终你会栽跟头，很多百万富翁都曾因此落得家财散尽。

认为自己很优秀，却不懂得如何掌控财富，无疑会使人做出错误的决断。这种情况下，你就需要了解下一支柱的内容。

第四大支柱

明白一切责任在你

我要提醒诸位，本章的出发点很阴暗，很可能我会让你不高兴。我要最大限度地剖析案例，让你吃透我要讲的内容。因此，为了讲解第四大支柱，我会给你讲史蒂文的故事。

在开讲之前，你要记住，我讲这个故事只是为了让你理解我的观点。这并非是在指摘某人，也不能代表我在遇到此种情况时的个人感受，它只是一个例子罢了。因此，请客观地看待这个故事，不要夹杂个人情感。在此我先谢谢诸位了。

史蒂文是一家地方教会负责青少年的牧师。依据大众的评判标准，史蒂文简直就是一个完人：一家人礼数周全、和谐美满，住在一栋围着白色栅栏的三居室住宅里。他不骂人、不喝酒，还把收入的四分之一拿去做慈善。

一天晚上，史蒂文凌晨去接在朋友家过夜的女儿，因为女儿病了。接到孩子之后，他像往常一样开车回家。史蒂夫走的这条路会经过一家国际薄烤饼店（IHOP）[1]，很多大学生在酒吧喝醉之后常会去那里吃东西。

史蒂夫到了十字路口，虽然有些盲区，但在通过之前，他还是瞭望了两边。视线很清晰，即使有车处在盲区，只要那车以正常速度行驶，那么也绝不会撞上他。这样史蒂文便驶入了交叉路。就在此时，一名醉酒的大学生驾驶着一辆大

---

1 国际薄烤饼店是一个美国的连锁餐厅，专门做早餐食品。

卡车突然从盲区开出，卡车以每小时一百英里的速度撞上了史蒂文的本田思域，他和女儿在车祸中死亡。肇事的大学生头上也撞出了包，他也因此可以从事故中脱身。

这件事糟透了，对吧？但这让我想到一个问题，而问题的答案也会令你不爽。发生这种事到底是谁的责任呢？

答案就是，这是史蒂夫的错……他原本可以阻止这一切的发生。

在当今社会，出现这种事，人们自然会责怪酒驾的一方。我们尽可以指责这个人，将这场悲剧算在他的头上。所有人都知道酒驾会引发严重的交通事故，酒驾司机也常被看作坏人。

但到头来，付出代价的是谁呢？史蒂夫还是酒驾司机？残酷的事实是，史蒂夫死了，他为司机的行为付出了高昂的代价。没错，我们可以指责醉酒的司机，但这也改变不了事故中谁才是受损一方的事实。指责并不能使其改变行为。从法律和个人角度看，司机应该付出代价，但是这也改变不了史蒂文和女儿死去的事实。（重申一下，我知道这么说听起来很残忍，但我只是为了说明观点。请继续阅读下文内容。）

说到这里，指责他人或者找理由的问题在于，这样做就放弃了对人生的责任和掌控，相当于表示自己毫无办法、只能听之任之。如果是这样，你将会任由坏事发生在自己

身上，因为你认定事情不在你的掌控之中。事情的主动权
在他人手上，因而要怪也只能怪那些人。通常情况下，尤
其是在商场，付出代价的人只会是你一人，就像是在这个
故事里，史蒂文是唯一付出代价的那个人。（没错，酒驾
司机可能会坐穿牢底，但那也无法让史蒂文父女起死回生。
因此，严格意义上，即使犯错的一方受到处罚，那也改变
不了发生在你身上的事实。）

要是史蒂夫把罪责
都归到自己身上会怎样

假使时光倒流，史蒂夫的想法发生变化。设想他离开家
时是这么想的：

现在这么晚了，我要开车经过一处时常会有醉鬼出没的
地界。如果被酒驾司机撞了，那也是我的错，因为我知道这
种事可能会发生，但也可以避免。我该如何避免这种事？

如果这么想，他的行为就会发生巨大变化，以下是他可
能会采取的行动：

说服女儿在朋友家过夜。

不要开车经过那家有醉鬼出没的国际薄烤饼店。

假设那个盲区会出现一名疯狂的司机，选择另一条路回家。

他的选择还很多，这样是不是显得有点疑神疑鬼了？的确！但如果史蒂夫能稍微多疑一些，他也不至于让自己和女儿命丧醉鬼之手，命运也会握在自己手中。顺便说一句，酒驾司机是否该自责呢？没错，他当然该自责，而且这件事的责任完全在他，因为酒驾的人是他，撞上史蒂文车的人也是他。他应该责怪自己，因为和史蒂文一样，他也原本可以阻止这场事故。但是你情愿成为他们中的哪一个？是无辜死去的人，还是活着接受指责的人？

很抱歉我举了这样一个极端的例子，但是为了成为富翁，你必须要以这种方式审视世界。为了创造财富，你必须掌控财富。而要想掌控财富，你就必须尽可能地从其他的人和事那里夺回主动权。承担的责任越大，你就越能够掌控业务。

在这个社会，大家深受被害者思维的荼毒，认为什么事都是别人的错——老板不好、经济不景气、软件出故障，总是错在别人，自己永远没有错。

当你想要获得财富时，这种思维最能让你失败。为什么？

因为即使"理论上"你处于劣势是因为某人的过错，但受损失的终归还是你，你才是那个失去财富、遭遇失败的人。

我再说一遍，生意场上，无论是谁的错，最终付出代价的还是你自己。阻止此事发生的唯一方法是，把一切都归罪于自己，这样你就会考虑如何排除他人或不确定因素的影响，把主动权握在自己手中。

考虑一下吧。哪些方面你可以担起责任（也就是掌握主动权）？你愿意让员工、经济或是其他不定因素毁了你的前程、还背负骂名吗？在别人的过错毁掉你所珍视的东西之前，难道你就不愿意把主动权握在自己手上吗？

我将用现实中的例子说明这一事实。

我如何习得第四大支柱

我的一家公司每年有五十万到一百万不等的收入。曾经这家公司是由两名员工经营的，过去只有一名员工时总是出问题。每当问题出现时，我就会责怪员工，威胁要炒他鱿鱼、扣他工资。我以为这是应对此种情况的最佳方式，所以我就一直责怪他做错事。

就这样，有一天我雇了人评估公司的整个系统。我由此得知有些客户从来没有收到过服务。而这只调查了很少一部分客户，还有超过二万美元的订单没有处理。

当我质问员工时，他说是公司体制有问题、软件不好使，他提到了所有能用的理由，唯独不说是自己没做好工作。他说的的确有几分道理，但这些过失原本可以避免，或是通过采取简单的行动加以纠正。

尽管如此，但你觉得这位员工最后会支付那二万美金吗？当然不会。这个人被解雇了，拿着工资相安无事地走了，他也无需替公司支付赔偿。另一方面，我还得去联系顾客，确保所有人都得到了赔偿。

这是员工的错吗？如果以受害者的思维看待这件事，我肯定会说是，是他没做好本职工作，搞砸了业务。他应该做好自己的工作，完成分内之事。

但这么做对我有什么好处呢？真正有错的人是我。如果我能早点认清公司所有的事都是我的责任，那也不至于会出这种事。我也不会损失这二万美金，客户也不会流失。

惨痛的事实是，在内心深处我们都知道责怪他人只是浪费时间，但之所以还那样做是因为比较容易。找一个替罪羊替自己开脱总好过自责。与其挫伤自尊心，还不如对其他人发火、盲目憎恨对方来得容易。但事实上，发脾气、责怪他人只是在浪费时间。这样做无济于事，也不能抹掉过失，只能让我们免受责难，减轻罪恶感，却解决不了任何问题。

　　要区分新人和老手，一个简单方法是看他们如何处理员工或客户犯错的情况。如果他们抱怨并责怪对方，那他们可能就是新人。如果只是对事不对人，立即寻找解决方案，那么这样的人就是老手。

　　那么，如果我一开始就为公司的事务负起责任，那么如何避免刚才的事情？我会：

　　确保员工用的软件绝对好使

　　每周检查他的系统

　　每天检查他的工作情况

　　只要发现员工懈怠工作就立马解雇

　　所有这些简单的行为都可以阻止如此恶劣的事件发生。但当时我选择了责怪员工，而不是反省自己。但是我希望现在你可以明白，不在自己身上找问题，而是一味责怪他人毫无意义，因为最终付出代价的还是你。

　　你越是能够接受这种思考方式，就越能真正掌控自己的收入。

　　还有个例子发生在某次软件发布的时候。我会定期发布新软件，刚开始这么做时，总是出现问题。要么是主持出问题，要么是账单出错，总之事情是一团糟。

当时我认定是负责人的错，还把程序员骂了个狗血淋头，但真正犯错的其实是我。现在发布新软件再出事，我就不会怪主持人或程序员，我会责怪自己。我会吹毛求疵地核对每一个可能会出错的环节，因为只有这样，我才能把成功握在自己手中，而不是交给程序员处置，因为我会不停检查他们的工作。如果发现不达标，我就会迅速解雇他们，然后找到能够符合要求的人来接替。软件或者负责人不会出错，因为我事先会检查得很仔细，只有符合我的要求——也就是必须做到完美，才能进行下一步。

请注意，我们总会遇到问题，而苛求完美通常会延误工作，这在讲第六大支柱时会提到。这就是说，凡事苛求完美最终会一事无成，因为你总是在等待事情做到完美。但有时你只有推进了才有钱可赚，即使此时你还达不到完美。在此我想说的是，把责任归到自己身上，就能避免90%可能出现的问题，以及99%的严重问题。

一个残酷的事实是，没有人或事会关心你是否赚钱。员工才不会在乎你的收入，只要他们每月能从公司领到工资便足矣。此外，这个世界也不关心你能否发家致富，它更不在乎你是否努力工作，是否心地善良。因此，你必须依靠自己，因为全世界只有一个人会庇护你，没错，那个人就是你自己。你可以怪这个世界弃你于不顾，也可以责怪自己（希望你是那个足够关心自己的人）。到最后，这个世界不会为自己的错误买单，因此你最好还是承担责任，因为最终要善后的人还是你。

这就是很多人认为做生意风险大的原因，因为他们不愿意承担责任。如果你真的做好了力所能及的事，那么你失败的几率就会小很多，因为你可以做出明智的决定，保护好你自己。

如何改变思维方式
接受这一支柱

你知道，当你把所有的事都视为自己的责任时，你就会极其主动。你会去思考如何行动，而不是凭空希望事情会好转。这种思维方式是一种不受限制的纯粹力量，因为它会让你免受外界的控制，将未来掌握在自己手中。

这就是第四大支柱的威力所在。唯一存在的问题是，它很难融入你的生活，因为这么多年来你一直采用受害者的思维，而这种思维已经毒害了你的大脑。你的大脑不愿意放弃这种思维方式，因为直面现实是件极其困难之事。

但是，假使你的平庸错不在别人，将会怎样呢？

不是老师的错

不是家长的错

不是国家的错

不是教育的错

不是家庭的错

……

倘若这只是你的错，你会怎样呢？对大多数人来说，100% 错在他们。但是别误解我的意思，如果你一出生就少了半个大脑，或是患有先天的残疾……那这绝不是你的错。但如果正在看这本书的你困顿失意，那就醒醒吧——你混不好是自己的错。如果你不想再这么狼狈地活下去，那就不要指责他人，抱怨其他因素阻止了你做某事。你要对着镜子反思，指责镜子里那个牢骚满腹的胆小鬼。

不管你是刚学着积累财富，还是对此已经轻车熟路，下面我将告诉你，该如何让第四大支柱融入你的生活，如何在今天就夺回主动权。

新人如何夺回主动权

跟之前一样，我会对你开诚布公。或许你对人生充满了失望，你赚的钱不多，没有实现梦想，除了亲戚朋友，你对其他人毫无价值。不管在哪里上班，可能公司会喜欢你，但即使那样，你也只是一个会赚钱的员工，转眼间就能被人取代。

你没上过学，没接受过培训，积极性不高，凡是赚钱所需要的条件，你一概不具备。你从来没有遇到机会，世界对你就是这么不公平。或许你可能尝试过，但却因为一些不可控的因素失败了。如果你能像某成功人士一样具备条件，你就能做到。但你不具备，所以你成功不了。

你猜怎么着？这全是你的责任，同时也意味着你能扭转局面。或许在生活的某些方面你运气不佳，但没有什么能够阻挡你不停尝试，直至成功。

现在，我想要你写下自己所有想要的东西，然后列出你无法拥有它们的原因。快点，现在就动手去做，开始吧。

接下来，我想让你回顾自己列的清单，然后看着"理由"那一栏。为了得到你想要的东西，你要摒弃这些"理由"、夺回自己的人生，也就是说不要将自己的失败归咎于这些人和事以及所处的环境。

例如，或许你写了自己想有一家大公司，但由于工作和家庭的原因，你没有时间去做这件事。那你该如何改变这种情况呢？

你可以：

辞职

大幅削减开支、更加节俭地生活

晚上等家人睡着后再工作

制定严格的计划和目标，例如，每晚工作三小时，直到你每月能赚到 3 千美金，然后辞掉工作，花更多的时间经营业务

我想说，这种情况我见多了。有人想要创业，但却离不开现在的工作，因为他们日常开销很大。插句嘴，这种情况下，他们可以租间便宜的公寓，换辆便宜的旧车，如果你愿意，一个月六百美金也能过活。如果你想要生活发生大的变化，那你就不能继续目前的生活。除了要养活家人，或是偿还助学贷款这种极端情况之外，你肯定能找出一些可以缩减开支的项目。你可以去杂货店少买东西，不在外面吃饭，接下来的半年不买新衣服，去廉价的商店购物，取消网飞（Netflix）订阅，每周不买书而是去图书馆看书等等。

言归正传，当我们写下不能如愿以偿的原因，仔细想过怎样才能不找借口之后，我们就是在努力做到不推卸责任。你没时间不是孩子的错，而是你不会管理时间。怎么样，很震撼吧。若要得到自己想要的，就得完善时间管理。

以前认为是孩子造成的问题，现在就变成了一个你可以

解决的事项，做到这一点只需要稍微转变一下思想和行为。

老手如何夺回主动权

作为一个之前有成功经验的人，你可能明白不好的事总会发生。但这并不意味着你知道坏事会发生，就可以听之任之、袖手旁观，你要防患于未然。这是为什么呢？因为它们都在你的掌控之中。因此，你必须主动控制那些能助你成功的因素。

做这件事最好是分三步。首先，你要找出公司的哪些环节可能出错，包括已经出错的环节。列出一个清单，然后反复地检查，你要确保自己在思想上能够认识到，稍有不慎就可能酿成大错、功亏一篑。

第二步是，针对你管辖范围的问题，找到解决方法。这个方法可以是每周查看后勤人员的留言，或是在公司网站上传明确的服务条款，避免未来产生轻浮诉讼[1]。然而，你不可能找到一个万全之策，此时就该进行第三步了。

第三步中，你要搞清楚别人到底有没有按照你的要求去做，为此你要问两件事。一是问他们如何解决现有的问题，

---

1 轻浮诉讼（frivolous lawsuit）是指在证据不足或者对方行为事实上不构成违法、胜诉概率极小的情况下，原告依旧提起的诉讼。

二是了解他们有没有发现任何你忽略了的问题，很有可能他们会提出很多你压根没想过的问题。

听我说，曾经有过同样经历的人能够告诉你，他们之前经历了什么，以及之后若干年会发生什么。即使一个人极富远见，也不可能真的预测到未来。

同行的前辈可以帮助你避免打官司，防止网站崩溃、信息泄露，不犯致命错误，躲过行业内常见的陷阱，预防未来可能出现的隐患。如果不寻求他们的帮助，就相当于将未来交到老天手中。只要发生任何一件事，你都可能会被击垮。但是，通过寻求他人的帮助，你也相当于承认，如果这些事到头来还发生，那便是你的失责，因此你要担起责任，解决这些事情避免其发生。

能否掌控未来
完全取决于你

在任何时候，你都可以决定将自己的错误归咎于他人。从社会角度看，你可能并没有错，而且你的朋友和同事也会赞同，"没错，要不是某某人的原因，你肯定会过得很好"。但这存在一个问题，这位"某某人"绝不可能为他们造成的损失买单。他们可能会承担责任，但却不会真的付出代价。

掌控未来的唯一方式就是摆脱某某人的控制，全然由你承担——不管这样是否公平。你可能会承担很大的责任，也可能会精疲力竭，但是到最后，你会成为那个躲开无数子弹、从未中弹的人。

　　财富的第四大支柱很重要，因为它能使你避免犯不必要的错误，保全自己。虽然如此，但保全自己、主动承担责任并不能让你赚钱。行动才能赚钱，而这一支柱可以使你避免因一场横祸而失去全部。因而要想采取必要的措施，我们就必须学习财富的第五大支柱。

第五大支柱

拥有富足心态

离开军营之后，我最先从事的一项业务是……你确定要听吗？那就是——做约会指导。没错，我收钱教男孩如何在酒吧搭讪女孩、搞定对方，这的确是男孩该具备的技能。任何人都可以改变自己的社交关系，这也是件很酷的事，但它并不是本章的重点。

暂且先不讲这件事的细节，但我要说的是我以前很内向。通过学习并实践社交技巧，我才在社交场合变得游刃有余。总的来说，我学会了如何在大多数社交场合，让事情朝有利于我的方向发展。

也就是说，我可以观察两个人互动，然后指出他们做错了什么。我也可以指导他们，告诉他们该如何彻底改进。过去数年间，通过亲自实践并指导他人找到适合自己的女孩，我也总结出了决定男孩约会成功与否的最重要因素。后来我发现这一因素在创业中也很重要，甚至对成功的各方面都很必要。

与大众的看法不同，你在社交场合说什么并不重要，这不会决定别人是否喜欢你。别人对你的看法是依据你的行为。我之前提到过，你的行为也会决定你能否赚大钱。现在你要记住，行为受到思维方式和观念的控制。因此，简而言之，男孩约会是否成功实际上取决于他的思维方式以及核心观念。

决定人思维方式的因素有很多，而我讲的第五大支柱是其中最重要的因素。实际上，倘若缺少这一支柱／因素／观念，男孩总是会纠结于如何吸引女孩，企业家也会纠结于如何赚钱。

那究竟这个支柱／因素／观念是什么呢？答案是：富足心态。

我来解释一下，你是否见过有人在酒吧搭讪女孩，然后惨遭失败呢？你当然见过，世界上所有的酒吧里，每十五秒就会发生一次这样的事。我总是教男孩们如何约会，但最大的问题是，他们脑子里没法不想约会这件事，原因是他们缺乏富足心态。与女孩相处时，这些人的表现就好似对方是世上唯一的女性，在这种情形下，他们会变得极其尴尬和紧张。每当和女孩讲话，他们便会沉浸在自己的想法中。他们担心对方如何看待自己、不知道接下来该说什么、怕之前的问题显得自己很愚蠢，这种思维在对话时会表露无遗。他们将从健谈的正常人变为紧张、招人烦、不善交际的怪人。

从另一个角度讲，你是否与一个刻意取悦你、有求于你或是希望你喜欢他的人交谈过？这种对话不会让你好受。

说真地，去酒吧观察一下男人是如何搭讪女人的吧。大多数人见到美女就会反常，或者必须喝到烂醉才能找到自信。

为什么会这样呢？

因为他们不认为自己很富足。在表明观点之前，我还要继续解释一下。

没错，酒吧里是有很多紧张的家伙，但也存在另一类人——自信的酒吧男。

你认识擅长和女人交往的人吗？下次再出去玩，我希望你留意一下那些经常与漂亮女人交谈的人，然后再注意一下那些遇到男人搭讪、立马微笑的女人。你会发现，这些男人丝毫不紧张，他们看上去高冷又自信。很多时候，你会发现他们看似并不在乎女人是否喜欢自己。

别误解我的意思，这些人当然也愿意他们感兴趣的女人对他们也感兴趣，但他们一直很享受。这类人谈其所想、坚持自我，表现得像是在和朋友说话一样。他们毫不费力就知道自己该说什么，因为他们不怕女人不喜欢自己。世上的女人有很多，假设这一个不喜欢他，那么或许此人也不是合适的对象。由于可以这样想，因此他便能畅所欲言，享受交流的过程。女人通常会觉得这类人有魅力，她们愿意与沉着冷静的男人交谈，讨厌那些紧张笨拙、极力博取青睐的人。

因此，当其他人在女人面前呆滞怯场时，你该如何表现出自信呢？很简单，镇定淡然的男孩有一颗富足的心。即使这个女孩不喜欢他，也可以再去找另一个，没什么大不了。这种思考方式能让他做自己，并享受其中。

另一方面，笨拙的男人会紧张是由于害怕被拒绝，他们认为遭到拒绝就等于世界末日。这种想法使他们行为古怪，表现出急于求成、渴望关爱、羞涩腼腆，因此不到三十秒，女人就会对他们失去兴趣。

令人遗憾的是，这一切实质上是观念的问题：拘谨的男人认为世上的女人屈指可数，冷静的男人则相信世上的女人有很多。如果一个人认为自己很擅长和女人打交道，也相信会有很多女人会喜欢他，那么他通常会心想事成。相反如果一个人觉得自己不擅长和女人交往，而且也不会有女人真的喜欢他，那他通常也不会成功。

这种富足的观念也适用于赚钱，它可以教会你如何轻松致富。

本章中，我会解释第五大支柱的详细内容。但在开始之前，我要告诉你一个普世真理。那就是，认为金钱稀缺的人会赶走金钱，认为赚大钱令人困惑、无法控制，或者由于自身处境几乎不可实现的人将永远赚不到钱……就像那些认为让很多女人喜欢他是件困惑不定的事、并且由于其处境实现不了的男人（这都是些借口），他们永远也追不到女人。

事实的另一方面是，那些认为金钱富足的人会像磁铁一般吸引金钱。有人认为自己可以赚无限量的钱，这类人如果足够勤奋，很容易就能赚到钱。在积累财富的过程中，虽然他们可能也会经历起伏，但财富总会找上门。

这个普世真理也解释了为什么通常富人会更富，穷人则会一直穷下去。它也解释了为什么那些真心相信自己能够成为百万富翁的人通常能够获得财富，或是至少摘掉穷人的帽子。请仔细想想，除非相信世上的钱很充裕，否则你很难想象自己能够成为百万富翁。

看完上面的内容，再让我分析一下，为什么内心不富足会让你丧失赚大钱的能力。

在解释之前，还是以约会作类比，我们来探讨一下第五大支柱的极端情况。假设你身处一间坐满了俊男靓女的酒吧，带其中一人回家就好比找到了价值百万的生意。人可以划分成若干类，我想让你根据其思维方式对号入座。倘若你是前三类人，那么你就要学着转变观念，培养富足心态。

决不冒险型
（稀缺心态）

让我们用钱和约会剖析有稀缺心态之人。首先拿约会作类比，以稀缺心态去约会，意味着你一心扑在自己搭讪的女孩身上，觉得这世上不存在其他女孩，就像我之前举的那个例子。

有这样的心态说明你永远不会冒险。你绝不会说冒犯对方的话，因为你只有一次机会取悦世上唯一的女孩。这种思维会使你表现平庸——你不会说出格的话，同样也说不出动人的话。这样对方不可能记住你，你和当晚搭讪她的另外三个男人没有任何区别。不管怎么努力，你带女孩回家的可能性几乎为零。

如果我们把话题换成钱，也会是同样的结果。有稀缺心态的人绝对不会做任何他们觉得有风险的事。这类人高中成绩优异、上了名牌大学、找到了一份稳定的工作，可以一直攒钱直至去世。（在之前的章节中，我说过这么做其实存在着巨大的不良风险。但没人认为这种典型的生活存在风险，因此如果害怕冒险，这就会成为你生活的方式。）鉴于此，虽说他们可能不会一贫如洗，但他们同样也不可能富裕。他们的生活会平凡而节俭、不值得纪念，因为这些人认为钱是不可再生资源，就这一点而论，他们永远也不会冒险。对于究竟能赚多少钱、能省多少钱，他们有着思维的局限性。他们认为如果在金钱方面冒险，最终就会穷困潦倒，因此他们会一辈子保持原样。但求稳（做大家都在做的事情）又怎能赚到钱呢？

这样的心态会让你一直穷下去，至少在经济方面，你一辈子就只能和普通人一样。

观望不前型
（重度稀缺心态）

决不冒险型的人可能永远不会做有风险的事，但他至少会尝试一下。他会到女孩面前，尝试问对方要电话……只是很少会成功，因为他给自己的压力太大，也只关注到负面的结果。而观望不前型的人则认为资源极度匮乏，因此他连试都不试一下。这类人甚至没有勇气在酒吧搭讪女人。

这类人会坐在酒吧观察所有人，然后对他人品头论足。他会嘲笑陌生人三振出局，但自己却连椅子都不敢离开。他的思维方式是，反正也约不到，何必多此一试呢？由于太过害怕失去，他连尝试都不肯。

你们都知道，若是论赚钱，这是怎样一类人呢？他们总是很穷，而立之年还睡在蒲团之上，却丝毫不想有张自己的床。他们从不设立目标，因为他们认为钱不是想赚就能赚到的，自己这也没有，那也没有，总觉得赚钱遥不可及。

这是另一种稀缺心态，它也会使人没法变得富有。这类人不相信自己能有钱，因此他们连试都不试。他们在一旁观望别人赚大钱，自己却永远平庸甚至不及常人。

蛮力型
（富足心态）

这是我最喜欢的类型。这类人大家都见过，也都想躲着他，但他却总能得偿所愿。他属于那种在酒吧不擅长和女人搭讪、却也真心不在乎的人。他知道自己没技能，也知道接近女人后会紧张，但为了搞定对方，他愿意尝试任何事情。他的策略就是简单的数字游戏，没错，可能接连二十个女人都会拒绝他，但最终总会出现一个女人，会觉得他那老掉牙的搭讪方式很"可爱"，愿意跟他回家。这类人举止像白痴，他们愿意承担很大的风险，例如独自去搭讪一群女人、还没打招呼就拍人家的屁股。但即使他那惹人讨厌的态度可能会惹恼酒吧里的所有人，但到最后他很少会约不到女人。

尽管这类人不擅长和女人交往，但他坚信自己能搞得定，到最后他的确也做到了。他的富足心态弥补了社交技巧上的不足。他知道结果最坏不过是被对方拒绝，但失败了也不会死人，因此他大可无限次尝试。

这类人的思维方式像极了电视上那些失败过二十多次、但却最终成为百万富翁的企业家。在赚钱方面，你只需要成功一次。山姆－沃尔顿 (Sam Walton)——沃尔玛的创始人就是其中一例。等了六十多年，他才终于实现了自己的超市梦。

尽管这种富足心态很危险，但如果一件事做多了，你最终就会达到娴熟，做出能够成功的抉择。与蛮力型的人一样，你也有无数次的机会。最坏的结果不过是生意失败、公司破产。到时候，你只需要一边打工，一边创业，从头开始就行。

生意失败不等于宣判死刑，你只会信用受损、穷一阵子而已。但猜猜怎么着？你已经很穷了！如果不能用现款购买法拉利、没法在四个小时内坐飞机去开曼群岛，那我认为你还没有做到如想象般有钱。你或许还没遇到困难，但你已深陷其中。

我知道自己说的这些可能有些极端，尤其是对那些读这本书的商场新人。但在这个世界上，要想成功，你必须得有极端的思维。如果你不愿意冒一点险，那么说明你的愿望还不够迫切。正如我之前多次提到过的，如果意愿不强烈，你就永远无法成功。

长话短说，你也看到了，拥有富足心态、坚信自己能够搞定女孩（做成生意），实际上，你最终会如愿以偿。最重要的是，跟约会一样，你必须从每次的失败中吸取教训。只有这样，你才能避免犯同样的错误，提高每次尝试的成功几率，最终成为生意场上最有势力的人。

万人迷型
（受过教育、心态富足）

这类人在酒吧根本就无须搭讪，他知道自己很酷，有着超强的社交能力，或许长得也不错，因而自信心十足。正因如此，他去酒吧只是为了享受。他能和身边所有人谈得来，只要做自己就能轻易结识异性。女孩自然而然会受到他的吸引，因为他乐在其中，也没有极力献殷勤。

他会承担一般的社交风险。他通晓人心，知道不是所有人都会喜欢他，因为世上没有一个人能处处招人喜爱。他能欣然接受这个事实，并且丝毫不受影响，因为他对自己有信心。这类人天生有魅力，也懂得如何与人打交道。因此，在采取行动之前，他就知道该行动会产生哪些后果。风险总是存在的，但他明白怎样做不会造成严重的负面影响，也知道如何降低风险、不让自己受影响。

万人迷型的人身边不缺女人，他就是有这样的能力。他知道世上的女人成千上万，也清楚女人的喜好，至少知道她们愿意和什么样的人共度良宵。

这与成为一名受过教育、心态富足的企业家如出一辙。我认识的企业家当中，凡是相信自己能赚大钱的人，同样也明白金钱很充足。他们还知道如何赚钱、什么样的人能赚钱。

我的目标是读完这本书后，你能达到这个境界。

本章的意义就在于，等你了解金钱的所有奥秘之后，富足心态能促使你承担一切赚大钱所需的风险。我有朋友总能准确预测到股市，但却还是困在办公桌前。试想如果他们能放手一搏，辞掉工作转而投资股票市场，结果会是怎样呢？他们会钱多到不知道该怎么花。但就是由于不具备富足心态，他们因而畏惧不前。（此外，世上这么多人惧怕改变，难道不荒唐吗？即使改变后胜算加大也依旧如此，究竟为什么呢？）

倘若资源不充足
也难有富足心态

与生活中的大部分事物一样，没有切身实践人就很难相信。这意味着如果现实中资源并不充足，那么你就很难拥有富足心态。（但这也并非绝对，显而易见……这是我写这本书的原因！）但首先你要有富足心态，才能获得充足的资源！这就是像是迷你版的第二十二条军规[1]，由于无法摆脱困境，

---

1 出自美国作家约瑟夫·海勒创作的长篇小说《第二十二条军规》，小说以第二次世界大战为背景，讲述了美国空军飞行大队所发生的一系列事件。根据第二十二条军规，只有疯子才能获准免于飞行，但必须由本人提出申请。但你一旦提出申请，恰好证明你是一个正常人，还是在劫难逃。

因此我们必须回归本质、转变观念，真正让大脑相信我们现在就拥有充足的资源，对此我将在本章的后半部分予以说明。

记得蛮力型的人吗？做约会教练时，我认识的大部分人，刚开始都是蛮力型，之后才成为万人迷。蛮力型的人即使不知道资源是否真的充足，但还是会不断积累经验、强化富足心态。到那时，为了成为万人迷，他要做的就是保持冷静、想清楚如何减少失误。有了正确的思维，他只需了解本书中介绍的其他支柱，之后便能所向披靡。

但困难在于，你要弄清楚，为了获得这种思维你必须采取哪些行动。和之前一样，请听我慢慢与你解释。

财富新人如何成就富足

实际上，拥有富足心态与有钱或花钱没有关系。即使极端贫困，你也能培养这种心态，有了这种心态，你最终就会采取致富的行动。原因就在于，这种心态和钱没有关系，主要是它能让你明白赚钱的方法有很多。

我来解释一下：如果你认为资源有限，那么你的注意力就会放在精打细算上，就会琢磨如何明智地花钱。这种思维会让你觉得钱不是想赚就能赚到。朝九晚五的上班族就属于这类人，他们厌恶工作但仍旧不辞职。这些人整天想的就是如何避免不良风险、怎样省钱，因此自然不可能有大的进步。

离开空军开始创业时，我也没什么钱。但我认识很多做网络营销发了大财的人，通过和他们的会面和交谈，我有了一个观念，那就是我也可以在这个行业成功，因为我与这些人没什么不同。既然他们能做到，我也一定可以。

正因如此，我并没有专注于量入为出、追求稳定的收入。相反，我决定放手一搏，赚尽可能多的钱。我在大学城找了极其便宜的房子，租金对我根本不成问题，我每天醒来只想着赚钱。我没有把精力放在省钱上，因为省钱的想法（克制自己不做自己想做的事、不买想买的东西）与富足心态相互矛盾。

听了我的故事，你要明白一点，因为相信世上的金钱很充足，因此我把全部精力放在了赚钱上。正因如此，我采取行动成就了今天的我。

培养富足心态的最好方式是，给自己开一张一百万美金的精神支票，这样当生意成功时，你便可以兑现这张支票。每当你需要决定到底是追加投资还是省钱时，别忘了你还有那一百万美元。花五十或一千美金购买软件、教学工具，或是请一名网站校对人员，这些比起那一百万美元的精神支票根本不值一提。别总是想着去沃尔玛用优惠券，好省下那几毛钱，想想怎么在一天之内赚到一万美金吧。

我并不是说，相信自己终有一天能赚到一百万美金，就该立马给女朋友买一个三千块的包。我只是要你明白，不要舍不得花钱投资公司、舍不得吃饭生活，这些很明显都是该花的钱。因此，不要为了花钱而花钱，也不要为了省钱而省钱。不要过分为钱担忧、铢锱必较，能省多少省多少。不要想着"怎么节流"，多想想"如何开源"。此外，你还要学习明智地花钱，你要相信合理的投资会带来更多钱。如果只想着节俭，你永远也不可能有更大的发展。

财富老手如何成就富足

依我之见，企业家开始赚钱后面临的最大问题是，不知道如何明智地花钱，从而陷入瓶颈。他们赚了钱也只是放在腰包里，尽可能不花出去。但有一点极其重要，你要记住花钱和投资是有区别的。

尽管少花钱多办事、优化企业开支是好事，但出于恐惧而把钱都存起来，对企业危害巨大，也不利于人的心理健康。有很多企业家，眼看就能赚到好几百万，却因为害怕花钱雇员工、打广告而错失良机。你可以拿各种数据告诉他们，这样做能轻松赚到钱，但他们仍会像守财奴般攥紧每分钱。

做生意和现实生活没什么两样——若是反复做同样的事，你就很难有所改变或成长。如果不彻底改变自己的行为，那么也别指望人生会出现反转，这个道理同样适用于投资业务。我的忠告是——找到适合发展的领域，寻求可以获得回报的可靠方法。想办法花钱拓展业务，之后你就会发现，企业将以惊人的速度增长。

很多企业家起初都有富足心态，一旦赚钱后，他们便又回到守财奴的心理。千万不要成为这样的人，因为竞争对手会追上你，到时这种低投资、勉强维系的企业很快就会崩溃。

每当觉得生活中资源匮乏时，你就要想办法开源引流。在生活中，你必须保有富足之心，并且真心认为资源很富足，对此最好的方法就是拓展业务、尽可能多地创造财富。

富足即进步，稀缺是落伍

以上的黑体字足以概括本章的内容。有时做生意好比过雷区，倘若害怕有闪失而不穿越雷区，那你永远也没有机会到达另一边。

"通勤斗士"整日盘算如何省钱、攒钱养老。睿智的企业家则把钱都花在刀刃上，这样之后才能赚到十倍的钱。

世上的钱有无限多，人也有无数方法能赚到钱，唯一阻止你行动的是稀缺心态。在生活中即刻运用第五大支柱，你就能克服这一心态。

第六大支柱

忘却顾虑
关注当前的问题

　　我将以一个虚构的小故事开始本章的内容。本和罗伊同一天进入一家汽车专卖行工作，他俩的情况非常相似，相同的教育状况、家庭背景，甚至连银行存款都一样。唯一不同的是，本总有太多的假设，罗伊则只想着眼前的问题，只考虑问题是什么。

　　工作的第一天，本花了一天时间观察其他销售员、阅读销售书籍。由于害怕自己会搞砸，因此他想在和客户交谈之前，就弄清所有可能出现的状况。

　　而罗伊则意识到，他只面临一个"问题"（也是他唯一的专注点），那就是让顾客买车。因此，他花了一天接触客户，试图成交业务。他很快就意识到，自己是个糟糕的销售员，客户对他的推销辞令根本没反应。当晚回家之后，他花了好几个小时上网检索，试图弄清自己错在哪里、又该如何改正。

　　上班第一天，他们都没有卖出去车。

　　第二天，本看到一则新闻报道，其他镇上的一名汽车销售员因出售问题车辆而被告上法庭。尽管老板向本保证店里的车没有问题，但他仍担心自己会因为同样的问题被起诉。由于太过在意这则新闻，他又花了一整天了解问题车辆，检查了他负责区域的所有车辆。

　　另一方面，罗伊一直在钻研他唯一的问题——销售汽车。通过前一晚的研究，他学到了改变推销辞令的小招数。这让罗伊当天早上就卖出一辆车，但他错失了其他两单生意，就因为谈判环节出了差错，之后罗伊认识到谈判是他的新问题。下班回家后，罗伊坐在电脑前，继续学习如何与客户谈判。

上班第二天，本还是一辆车也没卖出去，而罗伊卖出了一辆。

第三天，本和罗伊聊天，罗伊提到自己不擅长谈判。此时本还没有和一位客户交谈过，他决定在行动之前也要学习一下谈判技巧。因此他又花了一天时间在车行四处走动，向其他销售员讨教如何谈判。

另一方面，罗伊则卖出了四辆车，原因是他不仅有优秀的推销辞令，而且还学会了在谈判中如果能给真皮座椅提供折扣，客户会更乐意买下车。

上班第三天，本依旧没卖出一辆车，而罗伊卖出了四辆。

到了第四天，之前买车的一位客户怒气冲冲地找到罗伊，原因是罗伊着急卖车，把车的有些细节弄错了。罗伊赔礼道歉，又把钱退给了客户。本见到这一幕，于是便害怕自己也遇到这种事，因此他花了一整天时间记忆车行内所有车的信息。

就在本记忆车辆信息的时候，罗伊解决了问题，然后又重复前一天的方法销售汽车。因此他又卖出了六辆车。

上班第四天，本仍旧一无所获，而罗伊卖出了六辆。

　　第五天，两人都被叫到老板的办公室。此时，罗伊尽管犯了一些错误，但他共卖出了十一辆车。由于问题是他自己处理的，因此他也知道该如何改正错误。另一方面，本虽然没犯错误，但也没卖出一辆车。他学习了如何处理假设问题，但却没有一点实战经验，也没有实际解决过问题。

　　老板给罗伊发了红包，还感谢他卖出了车。老板还说罗伊将成为车行有史以来最优秀的销售员。老板转向本，并对他说，"本，车行需要能卖出车的员工。为什么你一周连一辆车也没卖出去？"

　　本回答，"我知道我还没卖出车，但我想要先做好准备，这样才能在接待客户时不出问题。我见过其他销售员出差错、客户怒气冲冲的样子，他们弄错了车辆信息，引来官司，我希望自己能避免这些问题。"

　　老板听完后对本说，"你讲的这些问题都没什么好担心的。车行从来没有因为车辆有问题被投诉过，有时客户回来兴师问罪也不足为奇。你不该忧心潜在的问题，你要关心的是眼前的问题。现在，你的重点就是卖车。如果今天你还卖不出一辆车，那公司就不留你了。"

　　那一天剩下的时间，本努力地想要卖出一辆车，但他遇到了罗伊第一天的那个问题：没有销售辞令。这意味着他解决不了当前的燃眉之急——卖出一辆该死的汽车。

当天结束后，本因为表现不佳被开除，而罗伊则又卖出了七辆车。一个月内，罗伊成了车行业绩最好的销售员，因为他每天都能专注于眼前的问题，然后找出解决方法。到了月底，罗伊的推销辞令在整个车行算是最好的。在此期间，罗伊虽然犯过一些大错误，但通过这些错误，他学会了如何改正错误。

本和罗伊的背景相同、奖励也一样，为什么本失败，而罗伊却成功了呢？这个问题很简单，答案可归结为：罗伊采取了行动，之后遇到问题又着手解决了问题；本却没有付诸实践，只是一味假设。他患上了完美主义瘫痪症（perfection paralysis）[1]，因此不能像罗伊一样向前发展、取得成功。

这就是第六大支柱的内涵。为了达成目标，你必须采取一定的行动。在行动过程中，你自然会遇到问题。但众所周知，最好的学习方法就是亲身经历。你没法做到料事如神，也不可能避免所有的潜在问题。即使做得到，但倘若没有遇到过问题，你也很难做到真正理解。这就好比有人教你如何修烤箱，但你却从未见过烤箱长什么样。旁观者和局内人眼中是

---

1 完美主义瘫痪症指的是因害怕无法完美地做成某事，而久久不能开始某个项目、作业、论文或创造性的任务。在这些人看来，哪怕有一丁点不完美都不可接受，于是事情就被搁置下来。

两种截然不同的情形。

实际上，一旦开始行动，那些事先想到的问题不见得会出现，相反你从未考虑过的问题倒是有可能会突袭。总之，在行动之前，针对所有可能出现的问题做预案并不会让你成功。这种做法要么会延长实现目标的时间，要么则会让你永远无法实现目标，就如同例子中的本一样。若是想取得进步或是精进业务，那就不能想太多、计划太多，你只要放手去做就好了。

过去的几年里，我直接或者间接合作过的网络创业者差不多有几千人。不管是面对面做指导，还是通过网络教学平台授课，从这些人身上我发现了一个明显的趋势。不计后果、采取行动的人通常会成功；顾虑太多、凡事追求完美的人往往成不了事。这是为什么呢？因为他们总是不做到完美就不前进，最后就因受挫而放弃。

因此，第六大支柱很重要。在讲第四大支柱时，我提到过，你要为所有发生在自己身上的事负责，尽最大努力做好预测。但凡事都要讲求平衡，没错，你是必须要掌握自己所处的境况，但你也要采取相应的行动才能实现目标。倘若不这样做，就会陷入完美主义瘫痪。

完美主义瘫痪症指的是过分忧虑或关注把事情做对，但却从来不行动（就和本一样）。假设有一名冰球运动员想学进球，他可以读相关书籍、看相关视频、加入当地的俱乐部。但是，要想有进步，他必须得练习才行。射门时可能会遇上 1001 种问题，但目前真正的问题是，他还一次都没尝试过。

只有尝试了，问题才会出现。而只有问题出现时，他才有机会积累经验、改正错误。等到之后再出现问题，他就能得心应手地处理。担心还没有发生的事情会增加压力，甚至可能阻碍你达成目标。有多少次你打消了创业的念头，原因是想到了各种可能出现的问题？"破产了怎么办？""没人买我的软件该怎么办？""若是知名人士在网上吐槽我的培训课程该怎么办？"

你要集中精力解决现存的问题，这样才能有更多的时间、精力和脑力认清现状，而不是去考虑可能发生的事。再回到冰球的例子，从未受过训练、但练习过两千多次的人通常会比那些受过十年培训、却从未打过一杆球的人更加优秀。此外，有两千多次实战经验的人明确知道自己何时需要培训、哪些方面需要加强。

我来讲一个亲身经历。

我最初开展的一项重要业务是，指导学员找到需要做搜索引擎优化的客户。在我看来，这是最赚钱、也最容易上手的业务。

在培训过程中，我告诉学员，他们最重要的是要学会销售，而学习销售的最好方式就是去实践。没错，这些人需要高效地为客户提供服务，但不管他们的搜索引擎优化做得有多好，只有找到客户、出售服务，他们才能赚到钱。

我认为这些人遇到的最大挑战是完美主义瘫痪。我见过有人花数月时间学习搜索引擎优化，然后问了关于销售的无数个问题，但却从未打电话推销过产品。他们会不停追问关于提供服务、法务方面的细节，以及你能想到的可能会出现的所有问题。到最后，很多人都赚不了钱，原因是他们忽视了我给出的首要建议——销售、销售、再销售。

我想要告诉你，有一个人的确听从了我的建议，此人名叫科顿·格拉默。他加入小组时处于失业状态，濒临破产。在一次网络研讨会上，他曾问了我一个毫不相关、发生的可能性很小的问题，我给他的回复是，"那件事可能永远都不会发生，所以别多想了，专心解决眼前的问题。你目前唯一的问题就是拓展客源，所以快去做吧。"

科顿记住了我的话，开始专心寻找客户，尽管对于提供服务这件事，他还是心存不安。科顿花了近三个月的时间专心拓展客源，终于有了第一位客户。

此时，科顿又遇到了新问题——提供服务。他专心经营，只用一星期就帮客户取得了效果。（他已经具备了精通此业务的信心、脑力和知识，这也是他当初朝这个方向发展的原因。）

成交这笔业务后，科顿变成了销售机器。他搞定了一个又一个客户，彻底解决了眼前棘手的问题——"出售服务和找到客户"。一年内，科顿从失业的落魄户变成了月收入10万美金的有钱人，专门向大企业出售搜索引擎优化业务。

之后的一年，科顿的搜索引擎优化业务每月能创造超过4万美金的利润。他也成了史上最优秀（之一）的搜索引擎优化销售人员。没错，这是一个真实的故事，而且我也没有丝毫夸大。

他到底是怎么做到的？答案是不停地尝试、解决眼前的问题。他没有把注意力放在那1001件可能出错的事情上，而是专注于眼前的问题。首先是得到客户，之后的问题是：提供服务。通过只专注手头的问题，他才得以攻克每个问题，然后迅速解决所有问题。

在某种情况下，你得停下来考虑可能出现的问题，然后专注于现有的问题。最重要的是要向前推进工作，而怀疑可能发生的事情并不能使你成功。过分执着于那些可能发生的问题会使你焦虑、紧张，让你停在自己的舒适圈中止步不前。唯有行动才能使你前进，才能得到真知。

然而，自出生以来，所有人都教导我们凡事要考虑万一。这使得我们相信失败是致命的错误，错误是不可接受的。每当想要做什么事的时候，我们会想，"要是做错了该怎么办？""要是我做不了该怎么办？"有这样的想法也很正常，因为我们所受的文化教育便是如此，但倘若让那些负面焦虑的想法控制了我们，最终我们就会落得像那个被解雇的汽车销售员本一样。

为了实现目标，我们必须转变看待失败、错误以及失误的方式。下面我就谈谈该如何去做。

赶快行动
不怕犯错

看过那个汽车销售员的故事，你也知道犯错并不是制约财富创造的最大问题，最大的问题在于，想要实现目标却毫无行动。大多数情况下，开始时犯点错实际上大有裨益，甚至比长期做对事更有帮助，我来解释一下。

大多数人认为真知和技能来自于实践。尽管这话千真万确，但最好的学习方式不只是采取行动，而是要通过犯错。你可以看关于编程的书，但是若想真的成为专家，你就得要写代码。不仅如此，除非你写好的程序当着你的面崩溃，否则你也得不到最重要的编程经验。

我还有一个关于冰球的例子要说给你听。你可以坐在场外看别人打一天的冰球，但除非你自己去冰面上体验一番，否则你也不会有任何进步。此外，除非你出过洋相、让教练吼过你，否则你也很难成为行家。为什么？因为人要想学会做某件事，就必须要亲身经历对错。除非亲自实践过，否则你就不知道什么方法正确、什么方法不正确！

在之前的内容中我提过，忽视付款程序中的细节使我损失了二万美金（还记得员工忘记处理客户订单的那个例子吗？）。在我的职业生涯中，像这样的错误出现过很多次。我做广告出过差错；几千名客户访问网站时，销售页面崩溃过；我曾经在网上为一千名观众做了两个小时的演讲，但在进行到推销部分的时候，我才意识到软件不支持信用卡支付。这一个错误给我造成了约 4 万美金的损失。但是你猜怎么着？自那以后，每当做线上活动时，我一定亲自测试付款流程。

长话短说，有好多次我是真的犯了错。但正是因为这些错误，我得到了多数人没有的教训，也因此将业务的盈利水平提高了三四倍。实质上，我的生意是通过犯错吸取教训做起来的，大多数成功的商务人士也是用了同样的方法。

在阐明观点之前，我想要说的是，我并不是要你不去减少错误，而是让你不要因畏惧犯错而止步不前。试想一下，倘若我因为惧怕犯错而没有做这些项目会怎样？没错，我肯定不会犯错误，也可以让我的创业记录没有污点。但若是这样，那些通过犯错取得的成功（赚到的钱）同样也不会发生。

简而言之，只要行动通常就会犯错。但若是不行动，你就永远无法成功。因此，世间极少有不犯错就能成功的人。

我想灌输给你的重要经验是，你越早犯错，就会越早成功。但凡是做之前没做过的生意，你就会有一段横冲直撞、经历失败的时期。万事都会出错，你会犯一堆揪心的错误。这些错误可能会击垮你，让你觉得自己很蠢，甚至让你止步不前，但你一定要尽全力与这些消极思想作斗争。你必须采取行动，从错误中吸取教训，然后尽快解决问题。

从今以后，你必须要明白，错误应该是"让你在未来赚钱的教训"，而非如"通勤斗士"认为的——"不去行动的理由"。

如果你一辈子贫穷会怎样？

既然你明白了假设是成功的障碍，那我现在就要教你如何摒弃假设的思维方式、着眼于当下的问题。

每当你想到了一个阻止你行动的假设，你就要问自己这些问题：

要是我没有为梦想而奋斗过会怎样？

要是我一辈子贫穷会怎样？

要是我一事无成会怎样？

要是今后的三十年，我还要继续做一份自己深恶痛绝的工作会怎样？

要是我不能养家糊口会怎样？

要是我在弥留之际悔恨一生该怎样？

来吧，试着这样问自己。想想那些阻止你创业或致富的假设，如果需要就把它们写下来。然后问自己上面的问题。有时只要你把当前的假设和上面的问题列在一起，你就会转变思路。如果还是不能，那就写下这些问题的答案。例如：

当前的假设：要是第一笔生意失败了会怎样？

答案：我会损失点钱，觉得浪费了自己的时间。

更重要的问题：要是我一事无成会怎样？

答案：我会对自己失望，我要一辈子精打细算，我永远也不能供三个孩子上大学。

想想吧。是创业可能会失败可怕，还是一辈子做月光族可怕？

是犯错误失去一名客户可怕，还是在迟暮之年悔恨当初可怕？

是可能过几年苦日子才成功可怕，还是每天工作十个小时、做三四十年的通勤斗士可怕？

我现在就能告诉你，回顾人生一事无成的感觉要比现在的假设更痛苦。正因如此，我不会因为对人生的一点疑虑就被击垮。

有时克服恐惧的唯一方法是用更大的恐惧激励自己。你必须找到自己绝对无法容忍之事，然后用它们促使你停止现有的怨言。但这样做也还不够。

很多时候，仅仅是要致富的想法还不足以让你放下顾虑。你必须明白，避害要比趋利更能激励人。正如我在之前提到的，如果你现在的处境还不错，那你恐怕就很难有动力脱离现状。这就是为何人们因顾虑太多、想富却永远富不起来的原因。

你必须要做的是，找到能够触动灵魂的痛苦之事，然后彻底忘却那些微不足道的顾虑。

考虑一下这件事。对我来说，我想要成功是因为我小时候受欺负，长大后工作又令人难以忍受。街坊邻里的所有人都让我觉得自己很蠢、很自卑。但是他们的欺辱非但没让我自卑，还促使我变得更强。我想要让所有人知道我不仅和他们一样聪明，甚至还比他们更聪明、更有决心。我想要成功，这样我就能让他们当众打脸。更重要的是，我害怕继续待在军营做那份糟糕的工作。这些因素加在一起让我感到了巨大的压力。

在那时，我的顾虑是："要是在别人眼中我一辈子都是个失败者该怎么办？"以及"要是我一辈子都只能做这份工作该怎么办？"这些假设可能在你看来很肤浅或是很愚蠢，但是它们足以使我愤怒，愤怒到我必须要让自己成功。

只凭想要变富的愿望不足以使你克服忧虑。倘若失败了，你的创业梦只会造成痛苦。潜在的痛苦与现有的安逸既不会使你真的痛苦，也不会让你努力工作、取得成功。你必须找到更深层次的愤怒以图改变。

因此，花点时间想想，如果你一直不改变自己的生活方式，继续做现在的工作、拿现有的薪水、住在现在的房子里，开着现在的车、保持同样的业余爱好、重复现有的生活，那么有哪些事会令你难以忍受。这件事或许是成为别人眼中的失败者；或许是做着差劲的工作；或许是紧巴巴地过日子；又或许是永远也买不了房。不管是什么，你一定要找到让你最难以忍受的那件事。这样，当你再有一些无意义的顾虑时，你就能用真正令你痛苦的事来克服它。

与之前一样，接下来我会根据你所处的创业阶段，详细说明实施步骤。

新人如何打消顾虑

从本质上看，顾虑对新人来说是最要不得的。自打一出生，我们就被教导要走安全的道路。正因如此，我们才会假设各种可能遇到的困难。此外，我们还学会了要等潜在问题解决了，才能继续前进。

正如你从本书中学到的一样（但愿如此），社会上最安全的做法其实并不安全，缺乏行动就会一直穷下去。因此，如果你是一个财富新手，那么你必须要懂得这些。

之前提到过，我曾在大型的商业指导小组中接触过很多新人。我现在已经不做这件事了，原因是：我可以把一个完善的商业计划交给新人，但他们拿到之后非但不行动，反而会作出各种假设。更糟糕的是，除非有人为他们打消顾虑，否则他们就会止步不前。等到顾虑解决了，你想着他们总可以开始行动了，对吧？不，他们只会假设出更多的问题。这着实令我发狂。

我见过有人想到一个问题后，除非问题解决否则绝不前进一步，即使解答这个问题要花费数周的时间。等到第一个问题解决后，他们立马还会想出另一个问题，结果又要等待。正因为这种顾虑和等待，最终整整一个月的时间，他们只迈出了万分之一步。

简而言之，大多数的新人绝不会关注眼前的问题。他们没把重点放在当前要做的事情上，因为他们忙着考虑将来可能出现的问题。

这就是为什么指导新人通常是件徒劳之事。如果你每十秒就要停下来考虑假想中的问题，那么世上所有的战术和战略都不会起作用。

因此，作为一个新人，你必须想办法紧跟目标，而且还得明白，要想最终成功，你不必苛求每件事一开始就做到完美。

你首先要做的就是认清"最本质的问题"。这是使你无法致富的问题，你需要甄别出它的本质。通过这样做，你就能轻而易举地找到解决方案。

比方说，如果在创业过程中，当需要拓展客源（这是做生意的关键所在，难道不是吗？）时，你可能不知道如何开始。是学习销售，还是掌握如何提供服务，抑或是置办精致的名片……你究竟该从何入手？

你要先解决最大的问题：获得报酬。（虽然之前已经讲过，但我还想重复一遍，因为我想要你真正明白这一观念。）

既然如此，该如何获得报酬呢？你必须找到客户！除此之外别无他法。你最大的问题是找到客户，你唯一的问题是让客户购买你的产品或服务。你所做的一切都要围绕这一结果，所学的一切也要围绕这一结果。

与其关注那些将来可能永远都不会发生的问题，还不如关注当前的现实，你必须解决眼前的问题。而目前这个问题就是要获得报酬，除此之外再无其他。在有其他顾虑之前，你必须先解决这个问题。

接下来，列出为了解决问题你必须要学的内容。在此例中，也就是学习如何销售。之后，你要找到可以立即着手去做的三件事，以此得到客户。

这三件事可以是：

打陌生电话

邮件推销

出席商务社交活动

然后，你可以将这些整合成一段行动指南。

"我的问题是找到客户，为此我要学习销售，并且只学习销售。我需要打陌生电话、发送推销邮件，并且一有机会就出席商务社交活动。"

就这么简单。如此一来，你就没有心思顾虑其他的事，因为你全部的精力都在手头的事上。如果你对可能会出现的某件事产生了顾虑，那就默念一遍上面的行动指南，然后继续执行。即使没做好，坚持行动指南终究会让你取得成功。

你永远也没办法全然不顾那些可能会发生的问题。然而，你总能找到办法应对此事，极大地减少考虑这些问题所花的时间，从而增加为目标而奋斗的时间。

老手如何打消顾虑

作为一个已经赚到钱的企业家，你可能会觉得自己不存在顾虑过多的问题。但是，既然你在读这本书，就说明你想赚更多的钱，那我就要很抱歉地告诉你，你绝对有顾虑。实际上，相比新人，你更有可能受其所累，只不过你有的是另一种类型的顾虑。

企业家通常都会遇到瓶颈。当他们赚的钱足以舒适度日，不觉得需要努力工作的时候，就会出现这种情况；随着业务不断发展，想要做大企业变得愈发困难时，也会出现这种情况。他们遭遇瓶颈是因为他们不再采取激进的行动，之所以如此是因为他们的生活中出现了一个新的、更加可怕的顾虑：

"要是我过去三年、五年、十年甚至二十年的心血毁之一旦，那该怎么办呢？"

人刚开始做一件事时，通常都是位于谷底，因此失败了也不是世界末日，因为他们能失去的东西并不多。然而，当获得了一定的财富和成功之后，失去金钱和成功于他们便成了最可怕的事情。

试着这样想：假设你想从一个楼顶跳到距离它十英尺的另一个楼顶，就像电视上演的那样。如果楼只有一层高，由于之前从没有这样做过，所以你会觉得跳过去很可怕，但这不会是你做过的最可怕的事，因为做这件事的不良风险并不是那么严重。但是，如果是十五层楼那么高，想要跳过去就比较恐怖了。没错，你可以做得到，但是风险要高得多，如果失败了，你失去的会更多。

当我们取得了一定的成功，或是生活得很舒适时，对失败的恐惧就会令我们失去勇气。我们该如何克服它呢？

你可能听说过，伊隆·马克斯（Elon Musk）在卖掉贝宝公司（PayPal）之后，立刻将所有的钱都投给了新的创业公司，比如太空探索技术公司（SpaceX）以及特斯拉（Tesla）。伊隆不仅没有受到这种顾虑的影响，反而迎头直上，像是磕了药的疯子一般。对他来说，增长和进步远比突然产生的顾虑更重要。

说了这么多，虽然我不建议大家像伊隆那样鲁莽行事，但他甩掉失败顾虑的本事却值得我们注意。他是如何做到的呢？身为一名亿万富翁，他原本可以尽情享乐，一辈子有花不完的钱。但他却甘愿冒失去一切的风险。怎么会这样……原因何在？

因为投资是他的目标，因此达不到目标要比失去一切更令他痛苦。为了逼自己进步，我们也必须有这种思考方式。

每个企业家都不一样，所有人都有不同的目标。你必须要找准自己的最终目标，然后扪心自问是否能忍受自己不成功。更重要的是，你必须要知道不达目标的痛处。

我不知道你是什么样的人，也不知道你的动力是什么，因此你必须自己弄清楚为什么想赚钱。像前文提到的那样，你要列出能减缓痛苦的事项，而不是增加快乐的事项，因为减轻痛苦要比增加快乐更使人努力。

想克服对失败的恐惧，唯一的方法是，找到比失败更令你恐惧的事。你必须要有某件绝对不容失去的东西。如果没有，那么你就很难前进。

列出这些痛处后，你需要时常查阅，尽可能多地向自己重复目标。你不能让自己过得太安逸，否则你最终会安逸到无法行动。

直到死的那天，才会没有任何顾虑

令人遗憾的是，在我们有生之年，不是所有的顾虑都能得以解决，一则是由于我们羞于承认它们，二则是我们考虑得不够深入。所有人在临终时都知道这辈子令他们退缩不前的问题的答案。

"要是我没有创业会怎样？结局便是如此。"

"要是我一辈子贫穷会怎样？结局便是如此。"

"要是我一辈子为他人打工会这样？结局便是如此。"

更重要的是，他们会面对一个更令人痛苦的问题："我原本可以做到哪些事？"悲哀的是，他们再也无从得知，因为现在为时已晚。

现在，在读这本书时，你也会有很多的顾虑。答案只有通过实践才能得知。你必须抛开顾虑，因为待它们解开时，你就再也没时间做"本可以做到的事情"。

我认识的所有成功人士和所有不成功的人一样都饱受顾虑之苦。唯一不同的是，成功人士关注的是我之前列出的那几条顾虑（例如"要是我实现不了目标该怎么办？"），相比那些基于恐惧的担忧，这些顾虑不解除会更让他们痛苦。他们会逐一解决当前所面对的问题。通过关注并解决可能出现的问题，你就能一直向前；相反，若是把精力放在消极的顾虑上，便会止步不前。

他们明白生活尽在其掌控之中，任何事都有可能发生。他们也会关注可能出现的问题，因为那是生活的全部。他们相信生活是一块湿的泥土，预见未来的唯一方法就是自己动手去捏。说到这里，我们就要引出财富的另一大支柱。

第七大支柱

规划行动方案
达成目标

如果你对亚马逊或脸书这样的企业有研究，那么你就会发现，这些公司花了很长时间才盈利。亚马逊实际上有近二十年时间没有赚到一分钱。更疯狂的是，推特和快拍（Snapchat）这样价值数十亿的企业，至今仍未有盈利。

这是件让人困惑的事，对吗？为什么这些受欢迎、价值高的企业没有盈利呢？因为它们的目标是称霸全球，而且最终会因其影响力而获得巨额利润。这些企业是说明第七大支柱的最佳案例。

一个人（公司）越是富有，就越能更好地制定并贯彻目标。更重要的是，他们能够更好地制定出实现目标的方法，并且更好地理解这些目标对未来的意义。

如果反观低收入人群，通常他们会制定短期的或是不需要费多大力气就能实现的小目标，或是没有规划就制定大目标。世上有这么多人都想要成为畅销书作者，但是没有人知道如何出版一本书。有无数的人想拥有实体企业，但是没有人知道如何为店铺选址。

这些事实通常会让人彻底忘记或放弃自己的目标，他们因不知如何抉择而无所适从。是自行出版还是找出版社？把店铺开在市区还是郊区？由于不知道如何规划，因此他们从来没有给自己实现目标的机会。但事实是，为实现目标制定计划要比目标本身更重要。

制定行动计划实际上很简单。你只要写下达成目标所需的每个步骤。但是写这些步骤之前，你还需要明白一件事：你必须要先设定好目标。你必须明确自己的目标包括哪些内容，以及它对你人生的意义。所有人都可以说，"我想要这个"或者"我想要成为那个"，但是却少有人明白自己真正想要什么、目标对他究竟意味着什么、目标到底是什么样子，以及目标达成以后会是怎样的心情。

比方说，有不少人想在纽约市建起高耸入云的摩天大楼。唐纳德·特朗普也有同样的想法，但他不止是想想而已，他明确了自己的目标，然后制定了切实可行的建楼步骤。特朗普第一次设想他的初期工程——纽约市的君悦酒店（Grand Hyatt）时，他做了两件事：

他明确了目标。他想让这座建筑有特定的外观、特定的设计，并且位于特定的地点。他想要吸引特定类型的顾客，打造特定的形象，同时他还知道自己愿意投入的资金数额。

他制定了实施方案。他很清楚自己要雇用什么样的员工，了解哪些法律，以及明白为将酒店建造费用控制在预算范围内要做的全部细节。

在酒店建成的很多年以前，唐纳德·特朗普就已经明确了自己的目标，还制定了实现目标的行动计划。你猜怎么着？这些思想和想法帮他实现了建造华丽大厦的目标。

通勤斗士如何规划目标（如何失败）

每天早上八点，只要观察一下城市里的高速公路（就像我在第一章中提到的那样），你会看到无数充满雄心壮志的人。他们追求名利、梦想成为名厨或是新闻主播、想要赚好几百万、给他们认识的所有人买房子。所有人都在等待一个绝佳的创业时机，然后过上自己想要的生活。

那为何只有少数人实现了他们的目标呢？原因是大部分人不知道具体如何实现目标。他们眼中只看得到"成功事件"——他们功成名就、坐拥万贯家财、过上好日子的那一刻。但这就是全部了，他们想"我会有很多钱，到时就不用再做这么差劲的工作了"。他们能想到的只有这些。然而，倘若你询问细节或是方法，他们则会一头雾水。

"你到底会赚多少钱呢？你将因何而出名？你要多久才能实现目标？你的理想客户是谁？你的产品是什么？你需要多少客户才能达成目标？你需要谁的帮助才能实现主要目标？"这一切他们都不得而知。

这就是为什么在社会中成功被看作像中彩票一般。人们只看得到成功的瞬间，因此很多人会嫉妒富人和名人。他们看不到别人成功背后的付出、努力和决心；他们以为成功发生在一夜之间，那些人只是幸运而已（我敢向你保证事实绝非如此）。成功者之所以能达成目标是因为他们明确自己的目标、制定了行动计划，并且一步一个脚印地实施了计划。

由于我假定本书的大多数读者都是通勤斗士，或是近期才结束了通勤斗士的生活，因此你必须彻底改变确立目标以及实施计划的方法。

千万富翁如何规划目标

很少有千万富翁是靠一个项目发了财。没错，收购会让你在一天之内赚数亿美金（也就是所谓的"一夜成名"），但收购通常要数月甚至数年间的数百件小事（或步骤）的铺垫。没错，这只是很少一部分飞黄腾达、在商场走了大运的人。但你不能指望这个。总而言之，你必须为成功做好规划。

你必须明白成大事就必须要完成很多小事。不积跬步，无以至千里。例如，有人出售自己的软件业务得了1亿美金，但这钱并不是出售公司的所得，这是他构思、花六个月时间编程、选用合适的员工、打广告以及完成诸多事项的结果。为了达成主要目标，明确自己想要什么（目标）固然重要，但是弄清实施目标的众多步骤更重要，因为它们才能最终让你成功。

要想成为千万富翁，首先就要设立远大目标。例如，我有个目标是拥有一家年销售额达到1亿美元的软件公司。有了这个目标之后，我将其分解成了几百个可以实现的确切目标。我先明确了公司要找到多少客户，怎样找到客户，以及如何设定销售漏斗（sales funnel）。然后我继续分解这些步骤，具体内容之后会作说明。

我想要你也能做到这些。为了致富，你需要掌握一种方法。既然如此，那我们就来学习如何明确和制定目标。

第一步：你的宏伟目标是什么？

如果你刚想要积累财富，那么很可能还没法明确自己的宏伟目标。大多数人会这么想，"我要有一个软件公司"，或者"我想要每年赚 100 万美金"，又或者"我想要和家人周游世界、再也不用为钱的事发愁"，但这些想法都不够细化。

最起码你必须要有目标以及实现该目标的途径，我的意思是，不管是做软件、写书、录制培训视频还是做别的事，你得知道该如何实现财富目标。但做这件事最简单的方法是，回归到人想赚钱的出发点：生活方式。

我要你肤浅地想想自己目前渴望的东西：车子、房子、假期、让孩子接受昂贵的教育……接下来我们将用这些答案做一个练习，让你明确自己的宏伟目标，然后对目标进行分解。

深入构想这些生活方面的目标对你极其有利。举例来说，大概三年前，我设想自己会在达拉斯住宅区拥有一座大房子、一台法拉利以及一个热水浴缸，可以在其中俯瞰全城美景。时至今日，这些东西我都有了。正是由于这些明确的目标（以及行动方案）在我脑中根深蒂固，因此我才得以实现目标。

然而，在本书中我希望能够少点意淫，多些纯粹以结果为导向的心态。现在就花时间写下所有你用钱才能实现的愿望，要写得具体一点。不要只写"我想要一套房子"，还要写明房子的风格、大小、位置等信息。

（为了简化这个练习，我建议你不要写很宏大的愿望，例如拥有一架私人飞机，或是买下一个运动队，或是像有储蓄、有投资这样的愿望。等到你理解了这个练习的意义，你大可以再加上这些愿望。但是，如果现在就加上这些宏大的愿望，会让练习复杂化。我想要你先学习一下简单的版本。）

在下面的空白处写下你想要的东西，切记一定要写得详细点。

你的愿望清单

_____

_____

_____

_____

_____

_____

_____

现在我要你上网查一下，你想要的每件东西的价钱。（上谷歌搜索"查尔斯顿五居室砖宅的价钱"，或是"1960 年产捷豹的价钱"。然后你就能选出自己最想要的那一个，并且写出它的价钱。）此外还要算出买下这些东西、过上你想要的生活一共要花费多少钱。我是认真的，赶快去做。我等你算完再继续。

你完成了吧？很好，现在你已经知道实现你的目标大概需要多少钱。（我之所以说是"大概"是因为我料到你可能忘了一些东西，比如租间小屋每年冬天和家人一起去滑雪，或是去上飞行课。）这对你来说是很重要的一步，是因为，这么说吧，倘若不知道过上自己想要的生活需要花费多少钱，那么又如何谈得上规划生活呢？

现在假设你要花五百万才能买下所有想要的东西。接下来的问题是："如何赚到这五百万？"到底是出版一套图书，开一家餐馆，办一家软件公司、地产公司或是做蛋白粉的公司？还是参加色情电影的试镜？（玩笑啦！）

　　凭直觉写下你要怎么做。如果还不确定，那么你很快就会知道接下来该如何明确梦想。你必须知道该如何去赚钱。这是最首要的问题（像我们在讲第六大支柱时所说的那样）。现在，为了完成这项练习，想想你喜欢的事物。这件事可以是和做饭相关的（做系列食谱、上烹饪课、进行在线烹饪指导等），也可以是与写作相关的（创作书、剧本、漫画、戏剧、总统演讲词等），还可以是和玩游戏相关的（打比赛、录制网络视频等）。

　　在这个练习中，假设你想要开一家保健品公司。现在你要明确自己想做什么产品、产品的定价是多少以及你的目标客户是哪些人。没错，要回答这些问题你必须进行调查。但现在先不考虑调查的问题，你只要先做一下估计，继续看后文的内容，之后自然会明白要做什么。等看完这本书，你再回过头来看这一章的内容，按顺序完成每个步骤。

　　假设我们决定以四十七美元／桶的价格将特制蛋白粉卖给健身的人。有了这些指标，现在我们可以制定大目标了。

　　"我们的大目标是赚到五百万，过上自己想要的生活（列出所有你想要的东西）。为了实现这一目标，我们可以成立一家保健品公司，将蛋白粉以47美元／桶的价格卖给健身的人。而要想赚到五百万，我们就要卖出十万六千三百八十三桶蛋白粉。"

实现这一目标还要考虑其他因素吗？当然要！但我们只需明确目标，并且知道如何通过做生意实现该目标。这是迈出的第一大步！但在刚才那句话中，我们遗漏了很多信息和步骤，它们对卖出这十万六千三百八十三桶蛋白粉也必不可少。练习的第二步就会谈到这些内容。

第二步：为实现大目标，你要完成哪五个小目标？

没有人能一睁眼就卖出十几万瓶蛋白粉、赚到 500 万美金。为了最终达成目标，我们需要完成很多小的目标。此外，为了梦想成真，我们必须明确这些小目标。我要你看一下自己的商业提案，然后努力找出影响你达成收入目标的五大因素。（再强调一下，先看完这本书，然后再回过头来做这个练习，这样你就能利用所学的全部知识做好它。）

以下是卖蛋白粉要完成的五个目标。（做这个练习时，我建议你至少找出三个目标，最多不超过五个。这些目标最好可以按时间顺序排列，但最重要的还是要找出这些目标。）

研制蛋白粉的配方、开发出产品

建立产品销售的系统或平台

找到能吸引数万消费者的广告模式

设计出品牌标识

在各大门店销售蛋白粉

没错，这些目标的确不少。但若是每次只攻克其中的一个目标，那么实现大目标也就变得容易许多。

这样做的巧妙之处在于，你不会只想着"我要 500 万美金、几台炫酷的跑车和一家蛋白粉公司"。而是会考虑，"我该如何研制出蛋白粉的配方？"或者"我要如何打广告才能卖出十万多瓶蛋白粉？"这样你才会真的考虑自己力所能及、切实可行的目标。

第三步：将五个目标再分解成更小的任务

既然已经有了五个小目标，现在我们终于可以问自己一些能够答得上的问题。

我现在就要解释为何要这么做。如果只想着要开一家蛋白粉公司，那么你就会天马行空地想各种点子，很快你会因此疲惫不堪。因为这个目标太大，你很难直接达到。但若是你制定了行动方案、列出了小目标，那么你就会觉得，只要采取了正确的行动，这个大目标也能够实现。

让我们来看第一个小目标：研制蛋白粉的配方、开发出产品。如何实现它呢？我们只需要针对该目标制定行动方案、划分出更小的目标。

（要注意的是，我本人已经研制了一种蛋白粉，只要公司一成立便可立即开始销售。由于现在我手头还有其他重要的事情，因此这件事暂且被搁置了。下面是我列出的实现该目标所需的具体步骤。）

步骤 1：首先要弄清该如何研制蛋白粉

我们该如何做呢？

利用网络进行调查

向做过这件事的人请教

打电话咨询蛋白粉厂家，询问该如何获得想要的产品

完成这些步骤之后，现在我们知道了该如何研制蛋白粉。我们所要做的是适当地上网查询，面对面做调查，以及给厂家打电话、让其按配方进行生产。

步骤 2：明确健身人员对蛋白粉的要求

我们该如何做呢？

询问身边健身的朋友，了解其对蛋白粉的需求

在脸书的健身主页、论坛及其他网站上提问

出席一些活动，了解哪些蛋白粉受欢迎

重磅消息：现在我们了解到健身者想要低碳蛋白粉。

步骤3：核算成本、雇用厂家

我们该如何做呢？

在网上进行调查

联系若干家厂商、获得报价

向过来人寻求技巧和建议

这下清楚了，请人研制配方需要1万美金，生产1500瓶蛋白粉需要3万美金。

步骤4：想办法凑到4万美金

我们该如何做呢？

联系投资人

贷款

用个人存款进行投资

你只要选出最适合自己的方式，然后这件事就搞定了。尽管经营这项业务需要不少的前期投入，但我想要说明的是，该如何分解这五个较大的目标，然后制定出具体的行动方案。

假设我按照这个方法将五个目标都进行了分解，那么我就会得出一个非常清晰的路径，这样我就能实现赚 500 万美金的终极目标。与其空有虚无缥缈的宏伟目标，还不如找到切实可行的方案。这个方案不仅让行动更加可控，还增加了我达成目标的可能性。

从全局来看，做这项练习之前，你只知道自己想要过上好日子、赚足够多的钱。但这种想法无济于事，只能让你沦为通勤斗士。做完练习后，我希望你已经知道：

你究竟要过怎样的生活，包括住什么样的房子，开什么样的车

你具体要赚多少钱才能过上想要的生活

一个通过计算得出的、可确保赚到目标金额的终极商业目标

为达终极目标，必须完成的五个明确的目标

五个目标分解出的小目标、以及简单可行的方案

实际上，你唯一还要做的就是实施练习中列出的行动，并且解决随之产生的问题。你其实已经为实现目标搭好了路径。你不必再等天上掉馅饼，现在你已经知道该怎么做了。你明确了自己的梦想和目标，也制定了实现目标的方案。

假设在做练习之前你是个画家，想要凭空画出一座楼的

精确图，但是你脑中只有一个大概的想法。做到这件事几乎是不可能的，因为你没有达成目标的明确方案——或者在这个例子中，你不知道该如何下笔。现在假设是画同一座楼，但有人给了你数字油画[1]的蓝图，这样就简单多了，你只要按说明作画即可。这就是我们现在正在做的事情。

在本书的结尾，我们将深入探讨这个话题。目前你只需要明白，你越是能很好地完成这项练习，越是清楚如何才能致富。所有富人都善于设想长远的目标、制定出具体步骤。如果想要成为富人，你就必须少想些含糊的愿望、多考虑明确的目标。

不知所措？运用第六大支柱
（忘却顾虑、关注当前的问题）

做这项练习时，你很可能会遇到很多问题。你可以大致估算出需要多少钱，但是你可能并不知道如何才能赚到钱，或者你可能无法制定出创业赚钱的具体方案。

在本书的结尾，我会单独用一章来探讨商业构想，到时你就会有一个明确的方向，知道该如何创收。说到这里，如

---

1 数字油画是通过特殊工艺将画作加工成线条和数字符号，绘制者只要在标有号码的填色区内填上相应标有号码的颜料，就可以完成的手绘产品。

果熟悉财富的第六大支柱，你就会明白此时该把注意力放在最紧急的问题上——如何赚钱。

如果读完这一章，你还是不能决定该如何去做，这也没有关系。本章旨在让你熟悉设立目标的练习，知道富人是如何定目标的。我强烈建议你先读完十大支柱的内容，等读到最后一章时，你就可以着手解决如何赚钱的问题。只有学习完剩下的这几大支柱，你才能够正确地选择怎样致富以及为何要致富。

考虑到这些，第八大支柱将介绍该如何采取行动使收入最大化。下一章的内容将解决许多你在本章产生的疑虑。

※ 注：本章中，我没有就新人和老手分别给出建议，原因是不管你是谁、有没有经验，确立目标和制定方案的方法都一样。

　　我想让你做一个荒谬的假想：在某种狗血的现实中，只要你散步、慢走或者跑步一英里，就能得到一千美金。每移动五千二百八十英尺[1]，你就会听到"收银机开启的声音"，然后会有一千美金精确地打到你的银行卡上。再假设，你每天只能这样做八个小时。除此之外，一切为散步、慢走或跑步所做的准备都算是工作，而且也都算在这八个小时里。

　　现在你要回答我一个问题：为了赚钱，你要做的最重要的一件事是什么？

　　答案似乎显而易见，让我们一起说出来：尽快地跑步。然而，如果我们再稍加思考一下，还有数百件我们要做的事情，比方说：

做富含碳水化合物的食物，确保我们能连续跑很长时间

购买食材

吃掉这些食物

准备好途中要喝的水

买好跑步穿的衣服和鞋，然后换上它们

清洗衣物（除非你不在意身上的味道）

找到新的跑步技巧，让你跑得更快还不累

1　1英里 =5280 英尺

测量并摄取每天所需的营养物

　　这些只是我能立即想到的，肯定还有很多要做的事。但是，尽管做这些事可以让我们为跑步赚钱做好准备，但实际上它们也缩短了我们赚钱的时间。

　　假设我们每天需要花三十分钟备好跑步所需的食物和水。如果能将这三十分钟用到跑步上，按每五分钟跑一英里算，那么每天就能多赚六千美金。这意味着仅是准备食物和水就会让我们每月损失约十八万美金（周末也包括在内）。那一年的损失就会超过一百万美金。这简太离谱了！

　　有一个简单的办法就是：每天花二十美金找人为我们准备食物和水。通过这种方式，我们只须浪费吃饭和喝水的时间。（这个时间还可以进一步缩减，你可以在身上捆好点滴注射器，随时为身体提供每日所需的营养。但暂且我们先用找人帮忙的方法。）如果采用找人帮忙准备食物和水的方法，那么每月只要向这个人支付六百美元多一点的工资，我们就能多赚十七万九千四百美元。

　　我想你大概明白我的意思了。为了尽可能多地赚钱，我们每一分钟都必须用来做赚钱的事，在这个例子中也就是跑步。但是我们可以关注所有能提高跑步速度的事情，前提是做这件事要有高的投资回报率。比方说，我们不能委托他人去试鞋，对吧？因此如果有双新款的高档跑鞋能帮助我们提高速度，那么只要有机会我们就该去试一下，花时间也是值得的，因为好鞋能让我们跑得更快，赚更多的钱。

长话短说，跑步能让我们赚钱，因此我们要把所有精力放在跑步上。我们除了跑步，别的事一概不做，除非这件事能使我们跑得更快／更久／更好，而且就像上面的例子一样，它还不能由别人代劳。一切能委托别人的事情——比如做饭、洗衣服——都必须委托别人去做。这是唯一能让你快速赚钱的最简单方式。

你单枪匹马只能做这么多……除非这些都能由一个巨型的商业机器完成

现在，每周你只能投入六十到八十个小时完成你的梦想，或许如果不吃饭、不洗澡你可以做到一百二十个小时。这看上去很多，但对所有认真的企业家来说，这点投入不算什么。我每天至少会花一百个小时实现梦想。这怎么可能？因为我不是一个人在工作。

我刚才提到过，每周工作八十小时并不算多，但若是你有十名员工，每周毫不费力你就能有四百个小时的工作量（十名员工每人每周工作四十小时，合起来就是四百小时）。实际上，你每周花十个小时英明地指导员工工作四百小时，这样比你单独工作完成的任务要多很多。

　　财富第八大支柱的一个重点就是要弄清这一反常现象。不管你是谁，你能学会的技能是有限的，你每天工作的时间也是有限的。虽然如此，但只要找到了合适的人，你就能有更大成就。你可以把这件事想成是坐在巨型金刚的脑袋里。凭借自己的力量，你能做的事情不多。但是只要掌控了机器，你就可以推倒一座摩天楼。

　　有很多企业家不懂这个道理，以至多年来局限了自身发展。他们觉得只有自己才能完成某项任务，认为花钱请人既贵又没有必要。但如果你找到了合适的人，每个员工都能创造十倍于工资的收入。此外，团队中的每个人都能使你的决策发挥更大的影响力。实际上，你花时间指导别人工作才是最佳选择，因为一个决策会带来几百个小时的进步。

　　如果我给一个软件设计师三万美金的工资，那我敢保证他设计的软件能创造三十万的收益。此外，我真是没有时间学习设计软件，而他们已经知道要怎么做。我的时间要花在销售和指导员工上。这给了我强大的力量，因为我不再需要花几百个小时学编码，我只要告诉团队该如何去做就好了，这样一两个礼拜就能有几百个小时的进步。只要我的决策是正确的，那么肯定会有成效。

致大多数无法靠跑步赚钱的人

尽管没人能够通过在街上来回跑步，变魔术似的让钱打到银行账户上。但是我们可以运用上个例子中的思维方式，从而极大地提高自己的收入。通过这个故事你要学会，只要找到投资回报率最高的事，然后专注去做这件事，我们就能快速获得回报、增加收入。

在上面的例子中，我们很容易就能找到关注的重点——跑步。然而，谈到赚钱时，尤其是刚开始赚钱，明白自己该做什么是件令人困惑的事。不过，如果能挑选出几件可以赚钱的事，然后把精力放在这些事上，我们就可以极大地缩减盈利所需的时间。

很多人一开始时不知道该做什么。他们阅读励志书籍，一次研究不同的十件事，然后像活鱼一样上蹿下跳。他们的行为效率低下，因为他们并没有在做真正赚钱的事。

再重复一遍，你要找出做生意真正赚钱的那一件事（或者两三件事）。大多数情况下，这件事还可以分解成其他更小的行动。把精力放在其他事上会减少你赚钱的时间。就像在跑步的例子中，我们要自己准备食物一样，那不仅浪费时间，实际上还会减少收入。

我来从商业的角度解读这件事。

我做生意，有三件事能为我创造大部分的收入。如果夜以继日地做这些事，那么我就会越来越富。这三件事是开发潜在客户、通过在线研讨会出售产品，以及做产品推介资料发给大家。

要想提高投资回报率，最简单的方法是以小于五美元的单位成本挖掘大量潜在客户。如果每天有五百名潜在客户，那么平均每天我就能多赚一万五千美金。如果有一千名潜在客户，平均每天就能多赚三万美金。我让业务流程中的其他步骤都实现了自动化，因此让我的时间获得回报的最佳方式是，增加我手头潜在客户的人数。

除此之外，通过在网络研讨会上做直销，我平均每小时能赚三到五万美金。这是很高的收入，因此我要抓住一切机会让人们参加研讨会，然后再把东西卖给他们。

最后，每花一个小时制作推介材料，我就能赚四千多美金。正因为这样，当我不挖掘潜在客户或是不在网络研讨会做销售时，我就会为自己的企业做推介资料。剩下的时间我会把其他工作委派给员工。只要花十五分钟向员工布置任务，我就能从他们那里获得几百个工时。再说一遍，这么做能让我的时间得到极高的回报。

你知道我是如何安排时间（将所有能委托的事都委托了）、获得最大收益的吗？这就是第八大支柱的重点所在，这也是富人越来越富的原因所在。这样做也能让破产者以及"通勤斗士"在最短的时间内变富。为了成为想象中的有钱人，你必须关注能产生回报的事情，然后将其他事情交给别人去做。

留神！让你变富的行为也能阻止你变富

在成功之后，你可能会意识到，那些曾经让你致富的行为成了阻碍你发财的绊脚石。它们可能会让你跟之前一样富裕，但是你要牢记：你不能总是做相同的事情，然后还期望会有不同的结果。因此，如果你做某件事能有十万美金的月收入，那么要是继续做同样的事，你就不要奢望能够赚到二十万。因此，我构建了一个很棒的体系，不管收入水平如何，你都可以用它找出投资回报率最高的行动，然后取消回报率低的行动。（这一章也不会区分新人和老手，因为不管是否有经验，这个体系的运用方法都一样。）

让我们以一个菜鸟开展营销服务业务的角度开始讲起。这个人名叫艾米，她的目标是每月收入达到一万美金。

现在，艾米首先要做的是，依照上一章的内容写下最大的目标。这个的目标是每月赚一万美金，为了实现该目标，她算出自己每月必须找到 10 位客户，且成本控制在一千美金。

大目标：

每月花一千美金找到 10 位客户，然后赚到一万美金。

接下来，艾米要写下本月须完成的目标和任务。由于艾米是个新人，所以她有很多目标是资深营销人员已经做过的。

本月目标：

读四本营销书籍

改善搜索引擎优化网站的排名

学习用关键字广告以及脸书推介服务

创建商务网站

给潜在客户打陌生电话、发送邮件

作为新人最棒的是，不管你做什么都会有一定的回报。正因为这样，在刚开始创业时，尽可能多地采取行动至关重要。说完这些，艾米的所有目标中只有一项能帮她赚钱。

艾米要做的是查看这些目标，然后问自己，"这个目标能为实现最终目标产生多大影响？"

读四本营销书籍：尽管读书可能会使艾米提高销售水平，但是做这件事至少要花二十八个小时（平均一本书花七个小时）。而且这项任务也不能直接产生收入，它无法让艾米每月赚到一万美金。这并不意味着艾米就不该学习销售资料，只是她更需要尽可能地学以致用，而不是为了学习而学习。

改善搜索引擎优化网站的排名：尽管这件事能让艾米更好地提供服务，但它却不能让艾米获得收入，也没法让她达到每月赚一万美金的目标。

学习做关键字广告以及脸书推介服务：还是那句话，学习不能让我们领到薪水。没有人会因为艾米学习了如何做广告就给她发工资。

创建商务网站：没有顾客的网站赚不了钱。同样，做这件事也是浪费时间，你可以轻松地转包或者委托员工去做。

给潜在客户打陌生电话、发送邮件：这是唯一能直接让艾米赚到钱的行动。如果艾米每天花八个小时打电话争取客户或是回复邮件，那么她就很有可能获得客户。如果她每工作十五小时可以找到一位客户，那么工作一百五十小时（即全职工作一周）就能获得十位客户。

照此下去，如果艾米想在月底争取到十位客户，那么这项任务才是唯一值得她关注的。

游戏结束，该工作了

回顾上面的例子，尽管其他任务与目标看似有关，但实际上它们和赚钱没有直接关系。唯一能让艾米赚钱、实现目标的是——能向她支付报酬的客户，仅此而已。别的任务都不能让她获得报酬。投资回报最高的事就是向客户销售产品，她应该把所有的时间都花在做这件事上。

给新手的快速指南

这或许听上去很离谱，但作为一名新人，如果你很缺钱，那么你就必须照做。如果你想快速赚钱，那么你就必须只关注能让你赚钱的事。虽说不算什么错误，但是我见过很多新人，他们急着用钱，却花了大把的时间学习、阅读相关书籍，他们基本上是胡子眉毛一把抓。你要理解：现在看一本书，你可能得一个月之后才能变现。现在拿起电话、找到客户（或是只做能获得收入的事），你今天就能获得回报。另外你还要明白，实践能比看书学到更多的东西。相信我，如果你对某一话题足够了解，那么就快去行动，然后获得报酬。

※ 附注：读了上面的内容，你可能会产生疑问，既然如此，看这本书的意义何在呢？按照上面的逻辑，最好的做法是打起精神、马上去实践！这百分之百没有错，但是漫无目的地行动，缺乏正确的核心思想，这样做不过徒劳而已。这本书之所以很重要，是因为它能为你提供观点和思维方式，让你的行动效率增加十倍，帮助你做出正确的决定，不论你是否经历过多数企业家遭受的苦难。

言归正传

正如我之前所提的，做新人时那些让我们致富的行动，会在我们成为成功企业家后也一直发挥作用。我来解释一下。

假设艾米现在已经签下了十位客户，月收入也达到了一万美金。这太棒了！她还拿出收入的 30% 雇人为客户提供服务，这样她就能把所有精力放在销售上。

她的新目标是月收入达到十万美金，这意味着她每月要找到一百位客户，而且每位客户每月要向她支付一千美金。问题是，如果搞定一位客户需要艾米工作十五小时，那么她每月只能签十位新客户。要想达成月收入十万美金的目标，艾米还要努力好一阵子，特别是有些客户还会流失，这在做生意时也在所难免。

现在艾米要做的是，写下她目前所有的销售活动，也就是让她得到十位客户的行动，然后找出真正让她赚钱的行动。但这次她还要写出为每项活动投入的时间。

本月目标：

打五百个陌生电话（四十小时）

发送并回复一千封邮件（四十小时）

打二百五十个回访电话（四十小时）

与客户面谈完成交易（四十小时）

我们再来看看这些目标，然后找出它们与艾米获得报酬之间的关系。切记，这和当初艾米努力赚一万美金时的做法没什么两样。但令人遗憾的是，这些目标并不能让艾米实现月收入十万的目标，下面我就来说说为什么。

打五百个陌生电话：尽管打陌生电话可以制造与客户单独会谈的机会，但它并不能直接让艾米赚到钱。没错，这种做法让艾米在刚入行时赚到了钱，而且她也不得不去做，因为她当时没有钱外包业务，而打陌生电话确实也能帮她找到几个新客户。但是现在她需要有一百个客户才能达成新目标，继续这么做不仅费时，而且回报低，根本不足以使她达成目标。

发送并回复一千封邮件：这种做法和打陌生电话存在同样的问题，虽然可能为艾米争取到面谈机会，但是耗时久，而且也不能创造直接收益。

打二百五十个回访电话：还是同样的问题，打回访电话并不能让她直接获得回报。

与客户面谈完成交易：这才是能让艾米赚钱、获得回报的行动。实际上，在与客户面谈（大约一小时）时，艾米几乎有一半的几率能让对方签约。这意味着每花两个小时与客户会面，艾米就能争取到一位新客户，即每小时能赚五百美金。

综合上面的分析，做哪项工作能让艾米达成月收入一万的目标呢？答案显而易见，她需要把所有时间都花在与客户面谈、成交业务上。做这项工作每小时有五百美金的收入，如果每月投入一百六十小时，那么月收入就能增加八万美金！由于这是可叠加的经常性收入，因此过不了五六周，艾米的月收入就会超过一万美金。最起码艾米大幅提高了自己的时间价值，这样她就有能力实现月收入一万的目标。

因此，艾米还要做什么呢？很简单，她需要雇一支团队帮她打陌生电话、发邮件以及做电话回访。有了员工替她做这些工作，艾米每天就能有八小时与客户面谈的时间。

真厉害，如今我们的朋友艾米就可以每月赚十万美金了。

看明白了吗？你要识别高回报的任务，然后减少低回报任务每天占用的时间。我们可以反复运用这一方法，然后赚更多的钱。当我们对收入不满意，但又不知道如何去做时，我们只需要写下目标，找出与收入没有直接关系的事情。然后我们要么不做，要么找人替我们做这些事。

百万富翁做事的投入产出比极高

通过对世界顶级富翁的调查和追踪，我发现这些人都极善于利用时间。

你不会见到马克·扎克伯格亲自编写软件；没有一个程序员单枪匹马就能创造二百六十亿美元的净资产。相反你会看到他一边寻找增加用户的方法，一边领导几千人的程序开发团队，让他所有行动的回报率提高千倍。

你也不会见到沃伦·巴菲特亲自管理一家公司，因为这样做不能快速赚钱。相反你会看到他同时投资并指导两百家企业，这样他的时间价值就就是之前的二百倍。

虽然我们大可提高每小时的收费或是每件产品的价格，但是提高投资回报率最简单的方法是，雇用员工、自己专注于主要任务。若一个人有一千名员工或是兼职人员帮他做事，那么此人就能让投资回报率骤升。但如果此人单干，那么由于精力有限，他能完成的工作也极其有限。这就是第八大支柱发挥作用之处。

准备一下，我要讲讲布鲁斯·威利斯（Bruce Willis）出演的电影《灵异第六感》（*The Sixth Sense*）带给我们的启示。准备好了吗？好的，这个启示就是……

钱不是真实的。

怎么说呢，至少钱不是很多人认识的那样。思考一下，如果世上只有你一个人，那么钱就没有价值和作用了。人类进化到现在，在某些情况下金钱是无形的。就拿股票市场来说，电脑屏幕上数字的来回变动既能让一个人昂首似骄阳，也能使这个人贱如草芥，而它们只不过是一串电子符号而已。那些数字和纸张之所以有用，是因为人赋予了它们力量。因此，没有其他人的帮助，你就不可能成为富人，因为要想变得富有，你就需要其他人给予你变富的力量。（显然，也得有向你送钱的人才行。）

那么钱为何物？钱是凌驾于其他人之上的权利。不仅如此，它还是人与人之间权利的交易凭据。张三开了张支票，他就能找别人为他建造房屋。李四开了张支票，她就能从别人手中拿到一辆车。王麻子开了张支票，有人就能在千里之外为他捉鱼、空运、烹饪，然后配好蔬菜和红酒给他吃。

金钱有力量是因为大家认为它有价值，这就是为何你可以用它换来食物、衣物和摩托车的原因。金钱的价值在于其他人相信它有价值（力量）。如果别人不相信，那么金钱就会失去价值，变得毫无意义。理解这一点至关重要，因为只要你接受了这个观点，你将不再只注重金钱本身，而是注重人们赋予它的价值，以及如何让别人把钱给你。

要想赚钱，你就需要得到其他人的帮助。除此之外，你还得让这些人心甘情愿把钱给你。因此，赚钱的秘诀是让别人依照你的意愿做事（也就是把钱给你）。为了做到这一点，你要掌握控制权，或是能够劝服他们（以正面的方式）。

简而言之，想要获得财富，实际上就要获得对别人的控制权。如果你能有这样的认识，那么你就开始了功成名就的探索之路。

第九大支柱的核心在于——人。但同时你也要摈弃钱只是钱的想法，否则你必定会错过财富积累的最宝贵经验。

不管你决定做什么，周围的人决定了你能否做成这件事。决定你成功与否的唯一因素是，你影响和控制他人做决断的能力。在你影响和控制他人做决定的同时，也会有人试图左右你的决定。你如何影响、判断和改变他人将成为影响你是否成功的最重要因素。

因此，你必须明白富人实则是知人心者。你要知道，以往通勤斗士犯过的最大错误莫过于企图不懂人心就赚到钱。他们觉得钱是做工作赚到的，认为金钱来自某个神奇的钱洞，这个钱洞直接与他们的银行账户相连。但实际上，所有人赚到的每一分钱原本都是别人账户里的钱，而赚钱实则是感知价值的交换。

很多创业者不明白这个道理，因而他们试图不考虑人的因素就做成生意。他们忘记了自己必须领导别人；他们忘记了自己必须劝服别人；他们也忘记了自己必须首先影响别人；他们还忘记了自己必须能做到让别人心甘情愿掏腰包。

想想史蒂夫·乔布斯吧。继续本章的内容之前，我想让你务必不要将第九大支柱与招人喜爱混为一谈。看过大部分的电影和纪录片，我们知道史蒂夫·乔布斯大抵很讨人厌，而且很多人认为他是混蛋。没错，因为他做的产品，大家喜爱并崇拜作为企业家的他，但若是单看他的为人，恐怕就没有人喜欢了。我们喜欢的人有一大堆，但这并不意味着，我们每次见面都会给这些人二十美元。史蒂夫有不一样的能力，他能预测到人们的需求，因此人们都愿意为他的产品买单。

史蒂夫对人们的想法了如指掌。他知道什么能让人心动，什么会引起人的兴趣，以及怎样才能让人甘愿花大把的钱。他知道如何让别人按他的意愿行事，不管是对员工还是顾客。

是谁为他的产品编码？别人。是谁设计了他的产品？别人。是谁开发了他的产品？别人。是谁为他的产品和品牌做宣传？别人。又是谁购买产品、替这一切买单呢？还是别人。

在我看来，苹果（之前由乔布斯掌舵）在技术方面通常远逊于其他公司。苹果的产品实力削弱，大体上还不及其他产品有创意，况且市面上还有更高端的选择。但它却总能让众人一掷千金，购买其"炫酷的新产品"。

这就是知人心的力量，拥有了这种力量你便可以叫别人按你的意愿行事。你必须明白，若是没有能力控制其他人，那么实现目标根本就是无稽之谈。单凭自己你无法成为富人，说到底，你发财更仰仗的是其他人，而不是你自己。

明白了吧？明白就好！

警告：人之可畏，相处不易

在开始之前，我要说明一下，本章的内容并不是为了教你成为有号召力的领袖或是销售冠军，而是为了让你警醒、能够清楚认识第九大支柱。很多时候，人们努力想要成为富人，但却不走出"与人相处的舒适区"，这意味着他们既不改变待人接物的方式，也不去了解别人的想法。你必须明白其他人对你成功的重要性，并且知道真正理解他人是多么重要。

再说一次，我绝不是说你必须要做到讨人喜欢，也不是说你必须要喜欢别人。在私下里你可以卑鄙、粗鲁、没有魅力，但是若要成功，你必须知人心、明白如何才能让别人听你的话。这才是真理。

好了，我想我已无需多言。现在的问题是，如何通过知人心赚到钱呢？如果你明白目标客户的需求，那么怎样才能让他们花钱买你的产品呢？这么说吧，将理解别人和赚钱联系起来需要一项技能，也就是要学会销售。

要学就学销售吧

你必须明白，从本质上讲，赚钱是两个人之间的互动。不管是做在线广告、在会议室谈判，还是去星巴克面谈，交易总是有一方要劝说另一方掏腰包。谈生意没有不这样的。

说到这里，任何交易最重要的就是销售环节。有很多糟糕、没有价值的产品创造了数百万的销售业绩，却也有很多了不起的产品无人问津。归根结底都在于你是否能够说服他人给你钱、并对此甘之如饴。

因此，快速成功的方法是精通销售之道。销售可以有多种形式。例如，每天我会通过广告向成千上万人推销产品。每天在脸书和 YouTube 上会有无数埃里克斯"机器人"（广告）向大众推销产品。这些机器人客服也的确能卖出产品。这是因为我知道人们在看过我的网站、广告和视频后会作何感想、有何反应以及会做出怎样的行为。

销售的形式多种多样，但万变不离其宗的是你要懂人心、知道如何影响他们的行为。只要明白了这个道理，一切都会变得轻而易举。

开一个房地产公司很容易，因为你明白人们真正想要什么，你也比别人都会卖房子。

经营电子业务也很容易，因为你的广告令人赏心悦目、转化率极高，你的产品让人无法抗拒。

创立蛋白粉公司也是十拿九稳，因为你的产品和广告比竞争对手更能影响潜在客户。

通过搜索引擎优化业务每月盈利十万美金简直就是小儿科，因为你知道如何说服大企业每月向你支付二万美金的咨询费。

销售让一切变得简单。我没骗你，我认识出入大企业、每天能拿到十万美金支票的人。这些人之所以成功，是因为他们知道如何打动客户，让客户感觉像是拿到了灵丹妙药一般。如果你也懂销售，那么你也可以立即像他们一样。

综上所述，不懂销售的人不管做什么都生不如死。这就是你不能把销售交给别人去做的原因。别人可以帮你编写软件，也可以帮你做产品，还可以帮你做其他任何事情，但是没有人能比你更了解你的产品，比你更懂你的目标客户，或者比你更在意投资回报率。因此，没有人能够像你一样销售产品。

所有企业的第一线都是销售。企业的发展是由它的销售额所决定的。只有好产品，却不懂销售的企业没有前途。如果你正在看这本书，那么很有可能你还不懂销售。如果你懂销售，那么你大可明天就开一家房地产公司，这一周就完成一百万的交易。但是由于你（可能）还不会销售，所以你要把掌握销售技巧作为第一要务。

富有的企业家明白
人是情感动物

二流的企业家提供和销售产品，顶级的企业家提供和销售情感。

其他搜索引擎对比谷歌

其他智能手机对比苹果手机

其他汽车对比法拉利

一般的咖啡店对比星巴克

其他的功能饮料对比红牛

上面的这些对比中，我们能明显找到获胜的一方。苹果手机比黑莓手机的销量要高出很多，这是众所周知的事，但是如果你想知道为什么，没人能够给你一个确切的答案。人们可能会说，"苹果手机更炫酷""苹果手机的技术更尖端"，或是"苹果手机很好用"。他们不会告诉你技术参数，或是向你解释为什么苹果的技术更尖端，抑或是跟你讲苹果手机好用在哪里。事实上，人们买苹果手机和手机本身没有关系，真正有关的是苹果手机带给人们的感受，即炫酷、与外界相关联、现代和流行。

这个道理不仅适用于销售领域。当你抓住了别人的情感时，他们就会不由自主对你趋之若鹜，所有人都会想要找你分一杯羹。最优秀的员工会抢着为你效力，世界上的大人物会抢着与你结交，客户也会排着队、花五倍于同类产品的价格抢着买你的产品，即使你的产品还不及对手的一半好。说到底，人们受情感的驱使，他们只想要得到正能量、快乐以及认可。

因此，你要从中学到的是，在选择行业、设计产品以及打广告、做营销的时候，你要将此牢记在心。战胜对手最简单的方法不是把产品做到最好，而是让别人感觉你的产品、品牌以及理念是最棒的。

花时间了解人心对生意至关重要

既然你已知晓这一支柱，我建议你每天花点时间了解人心。不管是销售、领导还是控制情感，你都要做到无所不知，所以马上行动吧。

有件事我不得不提，了解他人既可以用来行善，也可以用来作恶。叫你了解人心，不是为了让你操纵他们干坏事，或是骗他们买没有价值的产品（像是以前的香烟广告，或者如今的网络诈骗）。我让你了解人们是为了你能够改善他们的生活，从而自己也赚到很多钱。

我还有一点要补充。之前的章节中，我说过你应该只关注那些能让你赚钱、而其他人又无法代劳之事。虽然销售是你的重中之重，但如何更好地销售也应成为你的重点。这样一来，每天花点时间了解他人就会给你带来更多的销售，也就是更多的钱。

说了这么多，我们来看看新人和老手该如何将这一支柱运用于财富创造之中。

新人如何理解人心

如果你是财富创造方面的新人，很有可能你就是不懂人心。你不知道人们为什么买这个产品、不买那个产品。你大概还不想离开自己的舒适圈，也不愿意逼自己结交新人。你很可能一想到销售就觉得厌恶，不知道怎样才能让别人买你的产品。

这种情况我见的多了。实际上，这就是很多人喜欢网络营销的原因。我不再亲自指导新人，原因是我受不了周围人有这样的心态。但是，之前做指导时，我发现人们陷入"穿睡衣赚钱"的狂热不是因为他们懒，而是因为他们希望不用和别人当面打交道就能赚到钱。

简而言之，大多数的新人会竭尽全力避免去了解人心。大多数人只想活在幕后，敲敲键盘就赚到钱。但钱不是这么赚来的。实际上，企业家和网络营销师之所以成功，是因为他们比公司里的任何人都要了解顾客。

所有人都可以休息、编码或是给一堆客户发邮件。但只有领导者才能通过这些工作，让客户将大把的钱交给公司。

此时，你可能觉得自己很难掌握第九大支柱，但事实恰好相反，如果你是从零开始，那么做这件事反而很简单。事实上，做这件事对于作为新人的你来说要比商场老手更容易，原因是你脑中还没有那么多根深蒂固的"经营策略"。你一切都是从零开始，这很好。

作为新人，有两件事是你现在就要重点关注的：销售、自如地与人打交道（以及引导他们做事情）。如果能做好这两件事，要想不成功也难。

销售是王道

除非有人购买产品，否则就做不成生意。这很简单，对吧？你的产品可以是世上最好或是最差的，但这并不重要，重要的是有没有人购买。

这意味着，你要尽快了解销售的全部。正如我之前提到的，学习的最好方式就是通过实践。但是，在这里你必须还要通过读书、听网络课程获取知识，从而弥补经验上的不足。你务必要保证自己学习或阅读的内容能直接帮助你提高销售、增加你的收入。

说到这里，我在自己的网站 AlexBecker.org 上列出了五十本关于销售的好书，你可以去看看我到底建议你读哪些书。

自如地与人交往

你需要学会的第二件事是如何自如地与人交往。这实际上很简单。要想能自如地与人交往，你只需强迫自己出席必须要和人打交道的场合。

就这么简单，但是，这件事说起来容易做起来难。大多数人都不愿意打陌生电话，不愿意在营销活动中和陌生人交谈，因为他们不想出洋相。你需要明白：（1）你可能会出洋相；（2）出洋相没什么大不了。

我第一次出席活动、第一次在活动上发言、第一次与客户交谈、第一次和女生搭讪、第一次接近潜在的生意伙伴、第一次找导师套近乎……我做这些事的时候紧张得要死、表现得也很差。但是，做了好多年之后，我最终做到了游刃有余。你可能觉得自己不善交际，或者在某些社交场合甚至会紧张，但是如果你想要成功，那么你就必须推自己一把，学会自如地应对这些场合。

我要向你传授的一个重要经验是，主动让自己出席尴尬的社交场合。此外，绝对不要逃避任何让你觉得不自在的交际问题。（当然也要在情理之中，你没必要为了证明自己去参加裸体聚会。）做让你不自在的事，证明你在学习和进步，在通往成功和财富的道路上，经历这些也是必要的。

就这些，就是这么简单。

老手如何理解人心

说句不中听的，虽然你做生意赚了点钱，但这并不意味着你就了解人心。（如果你真的了解，那你早就成功了，又何必来看这本书？）大多数公司是依照所有者的想法创立的，并没有考虑他人的想法。

我常看到有人创造出了很棒的产品或服务，之后却无疾而终。他们可能卖出了一些产品，但他们甚至都没赚到钱，而实际上是产品无法打动用户，用户弄不懂产品、很难体验到产品的优点。

因此，你要更多地关注人，询问自己关于品牌／产品愿景以及营销方面的问题。

愿景方面的问题：你能提供最棒的方案吗？人们是否对你的业务有热情？你的业务有何主张？这是你能想出的最好的业务吗？人们是否真地愿意成为你的客户？

营销方面的问题：谁是你的目标顾客？什么是接近顾客的最佳方式？他们是否真地尊重你？和你的公司打交道有趣吗？你的广告是否阐释了产品的价值？打广告时，你是否考虑到了产品会给顾客带来怎样的感受？

我想让你退一步，从整体上审视你的业务。然后思考一下，如果你的目标只是收支平衡和吸引尽可能多的顾客，你会怎么做呢？我们当然都想赚大钱，但是关注客户以及他们的欲望／情感／需求是拓展业务、让公司由小做大的关键。别人是怎么联想你的产品和品牌的？你想要推介的是什么样的情感？

想想苹果、红牛、星巴克、全食、圣迭戈国际动漫展，所有这些企业／活动都有各自的主张。它们对客户来说不仅是产品，还有其他的意义。它们代表了一种生活方式或感受。这些都是杰出的企业，它们真的懂客户，与客户有共鸣。

这件事解释起来很难，但我要给你上的最重要的一课是，你必须要以顾客和他们的感受为重。你必须考虑如何向顾客推销自己，必须思考你的品牌能给顾客带去怎样的感受。此外，作为一名创造财富的老手，你可能必须要对自己的品牌和营销做出一些调整。

让我用一个例子来告诉你，我是如何将上述内容运用到企业经营上的。

我经营搜索引擎优化业务时，公司获得销售线索的成本远高于行业水平。员工和我使出浑身解数吸引客户，想让他们提供自己的邮箱地址。这么做的成本越来越高，因为说到底人们不愿意被引诱着去做事。我们只把客户看成了数字，关注的重点首先是业务（以及收入）。

客户希望通过搜索引擎优化赚更多的钱，以及买到可信赖的服务。因此，我不再试图用邮件引他们上钩，而是投其所好。

我建立了一个 100% 免费的市场，它可以让搜索引擎优化的买卖双方配对。这个市场既能为卖家提供增加销售的工具，又能帮买家找到最优质的服务。之后，为了让市场能运转起来，我甚至为它吸引了流量。

过去有竞争者做过相似的事，只是他们既找买家收使用费，又在卖家那里收大笔的钱。正因如此，卖家不愿意在他那儿开店。道理就是这么简单。

而我不仅决定彻底免费，还按销售额给卖家和为市场做推介的人 20% 的佣金。我给了这些人想要的东西，让他们能赚更多的钱、买到合适的服务。我懂他们，因此我便能知道他们心中所想，也因此能投其所好。

结果呢？市场的十几万名用户都成了公司新的潜在客户。更疯狂的是，卖家开始在市场投放广告，这样便有效地为我们带来了免费的销售线索，要知道过去公司需要为此投入很多钱。这些销售线索可以为公司所用，转化成我们的顾客。实际上，我们没花多少钱就为公司带来了新顾客。

这几乎使我的业务销售额翻倍，并且将公司的广告成本降为零。你明白其中的原理了吧？我没有考虑公司和我想要什么，而是试图理解别人，了解他们想要什么。

现在，我建议你回想一下这个简短的教训，然后每天将其运用到你的业务中。此外，你要琢磨为何那些驰名品牌能够创造出如此忠诚的客户群体。你会发现这与产品本身没有关系。

最后我要说的是，如果你是老手，并且想要让公司更上一层楼，那么你可以登录我的网站 AlexBecker.org/booklist，我在上面列出了关于通过了解客户提高业务的二十五本好书。

没人能够富起来
除非其他人肯掏腰包

明白了吧？好的！第九大支柱的内容很简单，对此我已经费了好多口舌。本章中，我们探讨了如何"控制"其他人。
讲下一个支柱时，我们将谈谈其他人是如何影响我们的，以
及我们该如何利用他人的影响，成就自己的一番事业。

第十大支柱包括两部分内容。本书提到的其他支柱都涉及思想的转变，但这一支柱是可以身体力行的生存技能，你无须转变思维就能赚到钱。尽管我并不建议你这么做，但我只想让你明白这一支柱的威力有多大。

我们直接进入第一部分内容。

结交好胜之人

在第一部分，我想说说我这辈子最愚蠢却也最美好的经历：玩魔兽世界……起码玩了好几百个小时。我想如果当初能把这些时间用来工作而不是玩游戏，那么我会比现在富有十倍。但是说这个有点跑题了。我提这件事是因为，它能有力地说明第十大支柱第一部分的内容。

如果你不知道魔兽世界是什么，我来稍微介绍一下，因为这个"游戏"对人们的生活具有戏剧性的影响。这么说吧，魔兽世界是一个大型多人在线角色扮演游戏。大型多人在线游戏可以让数千名玩家同时在线玩游戏，而角色扮演是指，玩家可以从头到尾假装自己是屏幕上的某个人物。

每天晚上当你在家愉快地享受晚餐时，有几千号人在网络城池中奋战，生活在虚拟的国度中。想起这段经历我会心一笑，因为我也曾是这一网络世界和社区的成员……在那里生存要比在现实中艰难许多。

玩魔兽世界的目标是获得优良的武器和物品，让你的角色更有战斗力。此外，你战斗次数越多，级别越高，你的角色就越强。比方说，一个只有五级的玩家在战斗中甚至无法靠近一个七十级（最高级别）的玩家。然后你等升到了满级，关键就在于收集顶级装备。装备和角色一样都有级别，但是为了节省时间，我概括一下，如果同一级别你的装备比其他人的好，那么你就能在战斗中击败对方。

说白了，玩魔兽世界就是连着好几个月整天玩游戏（没错，一天玩八到十小时）才能把中等水平的角色练到满级。你坐在电脑前连续玩四十个小时，也不见得有进展。以我的经验，我可以告诉你这么做一点也不好玩，而且还极其上瘾。实际上，这个游戏可以让人上瘾到什么地步呢？曾经魔兽世界有一千四百万玩家为了玩游戏每月会支付十九美元。不仅如此，大约有五百万玩家达到了满级，因为他们经常玩。在任何时候，随便进一个服务器，你都会发现里面有数千名满级玩家在城中奔跑。

现在退一步想，生活中大多数人一无所长，遇到一点挫折就打退堂鼓。说真的，社会中有一群人从来都不会坚持到底。弹吉他、看书、健身、成功——随便你说吧，即使这些人真地想成功（或者至少他们自己这么说），他们也会想办法只付出一星半点的努力。

魔兽世界最疯狂的是，它能让来自各行各业的人付出成百甚至上千小时的努力。如果能把这些时间用来做其他事，你也会成为某个领域的专家。问题是大部分人"做不了"，因为他们没时间、懒惰或者有别的重要事情要做。但是，一旦迷上了魔兽世界，他们就会通宵达旦、连着二十个小时练级打怪。你能看到其中扭曲的逻辑吗？

想象一下，读完这本书之后，如果你一醒来就疯了似地努力赚钱会怎样？说真地，设想你起床、打开电脑、连续工作二十个小时，中间只有上厕所、吃速食的时候才停下来，然后累到趴下，睡四个小时又继续工作。再假设你这样工作几个月都不休假、不度假，甚至连周末也不休息。

如果你能花这么多精力去赚钱，那你怎么可能不富有？实际上，生活中没有什么会是你得不到的。遗憾的是，若要达到这种程度的痴迷……除非你知道如何激发自己。魔兽世界肯定知道如何让人着迷。你想知道怎么做吗？想知道吗？真的想知道吗？！好吧，让我来告诉你。

与怀揣相同目标的同道中人在一起会促使你努力工作、取得成功、赢得竞争（这种竞争通常是良性的）。

人是群体动物，每个人都想得到群体的认可。在找到想要加入的群体时，我们会模仿他们的行为、想要融入其中，就好像自己已经成为了其中的一员。因此，你要表现得像那些你最想结交的人一样。

刚开始玩魔兽世界时，你进入游戏，成了里面最底层的角色。玩游戏时，你能在城中看到身着精美装备的高级别玩家，他们自然受人膜拜。为了能在游戏中耍酷装帅，你也必须练到足够高的级别，这意味着你必须花大把的时间玩游戏。不仅如此，你玩得越多，见到的人越多，需要合作的人越多，需要打败的人也越多。这会让你越来越有竞争力，想要不停地玩、不停地变强。

简而言之，通过玩魔兽世界、结交玩魔兽世界的人，你的竞争力会迅速提升，你也会觉得有必要继续努力。

这种影响不仅能改变一个人，还绝对会上瘾，让你像着迷魔兽世界一样每天工作二十小时。你猜得没错，这种情况不只会发生在魔兽世界中，在体育、商业等其他领域也会发生。

富人明白这个道理，并从中获取暴利。想一想平时跟你聊天的那些人。他们中有多少人自己开了公司？有多少人事业有成？有多少人是百万富翁？又有多少人是超级富豪？

如果你的答案是"不多"，那这就是你成不了富人的一大原因。你听过"人如其食"[1]的说法吧，差不多就是这个意思。

---

1 西方谚语，指饮食可反映一个人的性格与生活环境。

既然如此，这句话就应该改成"人如其友"。不过，问题是大多数人不擅长创造财富，与他们打交道的人也不擅长。我现在告诉你，只和平庸之人、或是不在你理想阶层上的人交往，这对你的成功没有助益。

如果和你接触的人大多数不想赚钱、只想无所事事在家看真人秀，那么你很可能会变得和他们一样，因为你想做合群的人，你也不会有动力做身边人没有在做的事情。你不会有想赚钱或是提升自己的动力，因为你已经和他们站在了同一高度。

相反，如果和你接触的大部分人每年能赚百万美金，或是正在努力成为富人，那么你也会想要做同样的事情。你想在聊天时能插上话，想要和他们平起平坐。他们在各自的领域很厉害，所以你也想要做到领先。这就好比进了魔兽世界，身边所有人都是满级。为了融入大家或是被别人注意到，你就必须升级。

此外，身边一旦聚集了某种类型的人，你不仅会积极进取，而且自然也会和他们一起成长。在魔兽世界，你经常会看到一群人从一级开始，一起努力达到高级别。这也适用于赚钱以及生活的其他方面（健身、打篮球、学微积分等）。

我每天接触的所有人几乎都在拼命赚钱。虽然我也有没钱的朋友，但是我交往的大多数人都是企业家。事实上，除了家人和高中同学，我只和企业家联系。

这就是世界运转的法则，如果想成为富人，你就必须利用好这一观念。如果你想学法语，最快捷的方式是找懂法语或是同样在学法语的人一起练习。如果你想赚钱，那么你就必须和有钱人或是在努力赚钱的人沟通。

现在的问题是"如何去做呢？"好消息是，这实际上很简单。

人们想结交同道中人

刚开始向人们讲解这一支柱时，他们通常觉得，我是在教他们找一群超级富豪做朋友。其实并非如此。结交比你成功的人既能提高你的积极性，也能让你见贤思齐、变得更加成功。虽然如此，找与你处境相同的人做朋友也很重要，这样你们便可结成联盟，互相学习、共同成长。

如果想要成为社会上 1% 的超级富豪，你就必须和这一阶层的人、或者至少是想要成为这一阶层的人来往。幸好大多数行业有自己的论坛、群组、俱乐部、社交组织以及大型在线活动，你可以加入他们，结交志同道合的人。

比方说，如果想从事面向企业的营销业务，通过简单搜索，你就能找到几百个脸书群组和论坛。你一定要加入这些小组，通过评论、提问和交朋友参与其中。

你可能要付费才能加入社群
（但这或许是好事）

很快你就会发现，市面上有各种人以各种方式向你推销课程和网站会员，帮助你学习生财之道。你需要知道如何甄别：哪些社群和机会对你毫无用处，哪些对你有帮助。

花钱加入网络社群时，价格有时能反映它的真实价值。这与现实生活类似。失败者自甘堕落，出没于廉价场所，而高层次的人通常会去高档之地。去不同的地点，你遇到之人的素质也有天壤之别。

例如，为了加入我的一位导师组织的社群，我每年要支付五万左右的会费。这个社群帮我赚了好几百万，建立了让我此生受益的人脉。我身边都是上进成功的伙伴，他们能够逼我进取，提升我的思维。

但我并不是要你马上就加入一个需要缴纳五万美元会费的社群。我支持你尽可能多地加一些免费社群……现在就去做。然后，找出里面的"领导者"，弄清他们在哪里活动（相信我，经营这些免费社群的人肯定也加入了付费的高质量社群，这样他们才能更加成功）。你要和这些人成为朋友，然后询问他们的个人建议。

免费社群的问题是，尽管有人去那里学习，但也有很多只是为了推销产品。你要当心后者，少听他们的建议。这些社群大多是外行人指导外行人，或者半吊子想要把低劣的产品推销给外行人。但我还是建议你先从免费社群开始，然后结交一些志同道合的新人，弄清领导者常去的地方。等找到你所在领域、成员水平与你相当或更高的付费社群，你就要尽可能多地建立人脉，切实利用这些社群学到技巧、激励自我。

我想说明的是，如果你付费加入了合适的社群、遇到了志同道合的人，那将对你极其有帮助。这些人的财富不见得要和你相当，他们的态度、野心和目标才最重要。不要管一般人怎么说，也不要理会那些推销。

结交朋友、交换意见

当你加入一个社群（或者五个），开始与别人交谈时，我建议你组建一个小圈子，定期与成员交流并分享信息。目前，你所处的圈子可能并不接受致富的观念。如果你高攀不到对方，一谈赚钱就遭到冷嘲热讽，那么这个圈子对你有负面影响。你要尽快脱离它，然后结交一些能和你愉快"谈论赚钱""谈论做生意"的伙伴。

如果这些人与你同处一个行业，那么这于你有两个好处。一是找到了与你相互竞争（这能让双方都快速成功）、分享成功的人。我自不必强调，有人逼你进步是件多棒的事。二是找到了和你相互学习、交换意见的人。他们会坦率地和你分享自己的进步，反之你也会如此。这样你们会竞相超越彼此，取得更大的成绩。

既为朋友高兴
也要嫉妒对方

有些人，比如马丁·路德·金和甘地，他们天生无欲无求，想要成为伟人改变世界。他们都是无私之人。如果你再看其他伟大的人，通常其动机是打垮另一方，或只是证明对方错了。如果听这些人讲话，你会发觉其中的愤怒，因为他们的重点是打垮对方，成为最强者。

如果你在读这本书，那么或许你不是第一类人，这也没什么大不了。就像我之前提到的，人不会因为一些空话激发出动力，尤其是在刚开始的时候更是如此。说真的，愤怒、嫉妒以及想要击垮别人的强烈情感对你是最好的激励，前提是你能妥善驾驭它们。

你必须明白，情感本没有好坏之分。迈克尔·乔丹在一场比赛中受到讥笑，他为此愤怒不已，之后他用十倍努力准备了下场比赛。这很好。相反，通勤斗士生气时，他会上YouTube咒骂别人，找朋友撒气。这样很不好。你要注意成功人士与通勤斗士处理情感时的巨大差异。

结交好胜的朋友、伴在成功人士左右，这样做最大的好处是能帮你激发这些情感。但最大的问题是，人们不能正确利用这些情绪。设想如果乔丹从不在意输掉比赛，也不会因为失败而在下场比赛中发奋努力，那我怀疑他也不可能成为今天的球场传奇，实际上，那样他可能连职业队员都当不了。这个道理对你也适用。

或许我最尊敬的企业家朋友与我在同一个缝隙市场。他也是我最可怕的竞争对手，在我看来，他比我要聪明得多。我把他当做朋友，有事也会亲自去帮他。但是在商场上，我们就是敌人。没错，当他打败我的时候，我会非常生气；当他比我先取得进步时，我也会嫉妒他。

这实际上是件好事。因为这种竞争关系能促使双方进入激战，从而没有第三方能与之匹敌。从散漫的小企业主到经营高科技的企业家，我们一路上相互促进、激励对方。如果不是他在生意场上对我紧追不舍，我哪能练就这些技能？

万幸的是，我们两人都在筹备成立新的科技公司，也有望一起合作。我相信这两家公司每年能各自赚 1 亿美金。

正确利用自己的情感，任由自己孩子气地与朋友竞争，恐怕若是只靠自己，我也没有动力走这么远，你明白吗？我知道这听起来有点不成熟，但是如果你可以有办法利用朋友和竞争对手激发出这种情绪、嫉妒以及激情，你就会胜过那些没有竞争压力的对手。

这很简单，对吧？

我刚才说的这些你大概已经记住了。但是，第十大支柱还有一部分内容，它是成功的另一个重磅秘诀。

找到合适的导师

找到好胜成功的朋友固然重要，但还有一个人你要与他建立联系：合适的导师。不管是什么原因，很多人想在没有人指点的情况下，只靠自己就取得巨大成功。或许他们觉得自己很聪明，可以独当一面；或许他们害怕找人帮忙；或许他们不知道该如何找到导师。在很多时候，他们只是没有意识到导师的重要性。

我想让你把致富想象成过雷区，如果你想盲目地走过雷区，那么你可能会被炸飞，就这样结束游戏。现在设想你正在玩扫雷游戏，踩到地雷你也不会死，只不过游戏要从头开始（每次都是过同一片雷区）。每当你试图穿越雷区时，你便会对这片雷区多一点了解，但是你得尝试上百次，才能最终平安越过雷区。

没错，好胜的朋友会激励你穿过雷区。但只有导师才能让你用比之前快十倍的速度、只付出十分之一的努力就走过雷区。

那么到底什么样的人能称之为导师呢？导师就是已经在你想要发展的领域有所建树，并且知道你会遇到什么问题的人。更重要的是，他们知道能让你快速成功的秘诀。

现在，我会用本章余下的部分解释去哪里找导师以及如何挑选导师。

别找韦恩·格雷茨基 [1]

找导师首先要明白，你需要一位合适的导师。合适的导师是说这个人在商界要比你领先几步，收入大约是你的十倍。比方说，如果你刚开始打冰球，找韦恩·格雷茨基学习也是浪费。韦恩·格雷茨基知道如何在高水准比赛中打冰球，但他或许并不理解（或记得）新手的问题。如果教你，他就得浪费好几周时间先让你掌握溜冰，而他的专长是打冰球。因此，只有高水平选手才能真正从他的指导中受益。格雷茨基明白高水平选手的问题，因为他对此有体会，或许经常在周围人身上见到过这些问题。

反过来说，专教新手的冰球教练或是打业余联赛的选手，

---

1 加拿大的职业冰球明星，被誉为"伟大冰球手"（the great one），全球冰球传奇人物。

他们会对新人更有帮助。为什么呢？因为他们明白新手会出现哪些问题，也知道如何快速纠正这些问题。再讲一遍，这是因为他们有切身体会，或者经常见到这些问题。

此外，要让韦恩·格雷茨基指导新人几乎不可能。一方面格雷茨基可能不愿意教新人，因为新人倒滑不到十秒就摔倒，另一方面新人可能也请不起格雷茨基，因为他的身价是其他教练的千倍，更多的专业选手会乐意花高价请他当教练。

虽说是常识，但我却总看到人们在犯这样的错误。每天，我会收到好几百条在线留言，留言者从来没有做过网站，却想让我指导他如何成立一家软件公司。我希望这些人取得成功，但让我去教人如何做一个简单的网站是浪费时间。这些人大概也不想（或者没能力）支付我的培训费用。最后一点，我的专长是创立软件公司，所以我为什么要浪费时间和精力去帮助别人做网站？总之这些事我都是交给下属去做。

我也见过有新人给我身价五亿美元的朋友发信息，想让朋友教他们成立公司。我发誓即使我朋友愿意也无能为力。因为这些人的思维和行动已经站在了高处，他们也不知道如何向一个新人解释该怎么做。

因此，你需要找一个比你水平高的导师，但也不要高出太多。如果你赚不到钱，那么你找的导师至少每月要赚3千到5千。这类人会给你最中肯的建议，告诉你怎么开公司，因为他们也刚经过你的阶段。他们追求的目标比你高，但也不至于高到让你无法理解他们，或是他们理解不了你。

这就是在起步时加入一个大社群的重要性。你会认识比你做得好的人，但是他们也能理解你，这些人能够告诉你要学什么、该找谁学，以及要避免什么问题。

总之，如果你是个彻头彻尾的新人，那就别想着去找你所在领域的韦恩·格雷茨基做导师，你应该请教打业余联赛的选手。

找到真导师
避开冒牌货

肯定有不少人想在培训领域赚钱，但导师只有两类：专做培训赚钱的导师，以及在业余时间做指导、大部分收入来自其主营业务的导师。

你要找的是那些不是专门做培训的导师。与专门做培训的导师学习，就好比跟冰球狂热者学习打冰球，那些人或许熟知所有的规则，但是他们这辈子也没打过几次冰球。有很多企业家每年赚几十万，却从来都不做培训。这是因为他们忙着经营自己的公司，这些人才是你理想的导师，因为他们做着你想做的事情，犯过你可能会犯的错误，也走过你将要走的成功和致富之路。

比方说，如果想要成立一家卖保险的公司，你就不要加入一些打广告的大型培训项目，交 2 千美金去跟有名气的保险销售员学。你应该找一个月收入 5 千到 1 万美金的无名之人，付给他 1 千美金让他教你策略，给你建议。你很容易就能在脸书小组或逛论坛、参加活动时找到这样的人，你要尽可能多找几个人交谈。只要有人符合理想导师的条件，那你就去问他们是否愿意帮助你。即使他们没时间，或许也能给你可以帮到你的人的联系方式。

这件事非常简单。你应该找那些已完成你的近期目标、并且刚经历过（大概在半年到一年前）你目前阶段的人做导师。

选择提携你
而非拖垮你的人

想要变得富有，身边却没有志同道合的人，这就好比不认识其他打篮球的人，却妄想成为灌篮高手。世上没有这样的事。

身边有了对的人就会迫使你成功，带给你成功的秘诀，向你注射成功的兴奋剂。相反，如果周围只有通勤斗士，你就很难摆脱失败者的本性。这些人只会带给你顾虑和恐惧，因为除此之外他们一无所知。

从本质上看，人类只是模仿类动物。我们的语言、思想和一举一动都受身边人的影响。没错，在某一层次上，我们属于自己。但不可否认的是，我们也深受偶像以及所处群体的影响。我希望通过这一章，你能认真思考目前所在的圈子。我希望在生活中，你能平衡好与导师、好胜的朋友以及通勤斗士之间的关系。

终极支柱

我想告诉你一件个人觉得很悲哀的事情。人们看书时，通常只看十分之一就放弃或抛诸脑后了。居然只有十分之一。

这件事的悲哀之处是，通过数据我们知道真地很少有人能坚持到底，至少在读书这件事上是如此。真相很残酷却也不难理解：因为大多数人没有勇气为自己负责。人们整天想要这个、想要那个，但是真地有勇气付诸行动的人寥寥无几，即便这些人知道这样做是取得成功的最佳方式，结果还是一样。

你知道吗？在想要大幅减肥（减掉体重20%以上的脂肪）的人当中，只有4.4%的人减肥成功并且没有反弹。这让我大吃一惊。且不说肥胖会导致心脏病、羞耻，甚至引发自卑（因为我们的社会依旧会嘲笑胖人），此事最让我吃惊的是，大多数人竟连每天将卡路里的摄取控制在两千以内、每周健身三次这样简单的事都坚持不了。

我说这话是什么意思呢？首先，我要告诉你，如果你坚持读到了本书最后一章的内容，那么你就已经是统计学上的少数了，我很感谢你。但我也要给你泼冷水：读完这本书想成为富人，那你就要成为1%的人。

我们现在就这本书做下假设：有20%的读者最终看完了这本书（我觉得这听起来没错）。我保证在这20%的人当中，只有1%的人会因为看了这本书而成功。大部分人会想，"嗯，我绝对没问题，这很简单，我明年夏天就会变得富有。"他们会根据在书中所学的知识去实践，但是要不了一个礼拜，他们就会无法忍受辛苦的工作，重新回到他们的舒适区。

这些人想要成为富人，却选择保持贫穷。获得财富和成功绝非易事。这比减去十几斤肉还要困难许多，别忘了之前减肥只有 4.4% 的人能做到。对此我是有经验的，就在今年夏天我大概减了二十五磅，老实说减肥要比发财容易太多。

所以，总之你成功的几率很渺茫。你看这本书就是浪费时间，但我很感谢你能花钱买我的书，让我变得更加成功。如果依据数据做判断，你真的是上当受骗了。你最好是继续过你通勤斗士的生活。

除非你决定战胜这些数据。

你可以这么来看：世上的所有人都是战胜概率的幸运儿。你知道吗？人在交配时会释放 1 亿精子。不管怎样，在如此小的几率下，你存活了下来，你的家人、朋友甚至成千上万的陌生人也存活了下来。你知道这意味着什么吗？

这意味着在一亿精子中你已经抢先一步。虽然你的基因结构、人体构造都近乎不可能，但你还是做到了！在统计学上，你要比中六次彩票的人更幸运（中彩票的几率是一百四十万分之一）。

毫不夸张地讲，有一亿条原因让你无法存活在这个世界上，但你居然活了下来。也有一亿条理由让你成不了富人，但如果你能下定决心、全情投入、坚持到底的话……就如同所有变成人的精子一样（我保证这是我最后一次在书中提到精子）。如果你决定，无论如何都要坚持到底、决不放弃，那么想要变得富有这件事也就指日可待，不再是梦想了。

没错，96% 的人做不到大幅减肥。大部分人下了决心却不能坚持到底，这也是事实。但是你知道吗，你不是这些人，这些人没什么出息。你要记住，所有人都有选择的权力。光是想要还不够，你必须下定决心非成功不可。

所有肥胖的人有选择的权力，穷人也有选择的权力。世间没有执行统计学的纳粹军团，可以从天而降阻止这些人取得成功。世间也没有统计学上的警察，会将他们拉到一边说，"听我讲，今年只有 4% 的人能够减肥成功。所以很抱歉，我们要强行喂你吃甜甜圈。"世间更没有超级富有的蝙蝠侠在城市游走，破坏企业，阻止 99% 的人变成富人。

人之所以失败是因为他们选择了失败。世上没有掷骰子般的概率，也没有外力的强迫，更没有警察逼着他们吃甜甜圈。是他们自己选择了安逸，从而成全了低概率。

何必呢？有人就是不愿意减肥，不想成为百万富翁，这没什么大不了。对这些人我也无话可说，但我想说说那些渴望成功的人，他们可能觉得辛苦、工作太多，或是由于其他一些蹩脚的理由（没错，这都是借口），努力一周或者六个月就放弃了，然后继续过之前安稳的生活。

我想对这些人说的是，如果你真心想要做成一件事，唯一能左右你成功的人是你自己。有人会告诉你，你很可能会失败；有人会说你太过冒险；也有人会劝你继续跟他们一样过平庸的日子。世间最痛苦的事莫过于看到和你一样的人把你甩在身后，成就一番事业，因为到那时你就要面对一个现实——你不是做不到，而是没有努力去做。

不要听失败者的话。我再重复一遍，不要听失败者的话。99% 的人什么也不懂，他们甚至懒得系自己的鞋带。（要不然你觉得为什么尼龙搭扣会如此受欢迎？懒惰、没有担当，这就是原因。开玩笑啦，但是你明白我的意思！）我建议你只听从良师益友以及你自己的话。

这本书要告诉你的是全球顶级富豪共有的经验和思维模式。你和他们唯一的区别是，百万富翁和千万富翁历经磨难、不断试错得到的思维，你只需要读这本书就可以得到。我之所以采纳了这些支柱（并决定写在书中），原因是我个人的成功经历，以及身边成功人士的经验都告诉我，这些支柱不但正确，而且还十分必要。要想变得富裕，除了这十大支柱，你还必须采纳另外一个支柱 / 思维 / 决定 / 观点。

第十一大支柱
决心成为富人

所有白手起家的富人都曾下决心要变得富有。他们对自己说，"管他什么数据、什么逻辑，会遇到什么困难，我就是要变富，我一定会变富！"为了能让这本书对你有点用，你必须下定决心，全身心地相信它。你可以读完这本书，然后意淫自己如愿以偿成了富人，但除非你决定"不成功，便成仁"，否则你很难变得富有。

当你怀疑自己是否能成为富人，或者当通勤斗士试图拉你回到舒适区时，你要回想第一大支柱。忘记那些穷人给你的致富建议，你要接受富人的观念（也就是本书教给你的内容）。

当你创办公司，不确定自己的致富道路是否正确时，你可以查看第二大支柱。你只需问自己是否做到了分离时间和金钱，还是徒劳地增加了一项新工作。

当你面对可能解决不了的问题、心生畏惧时，想想第三大支柱。要想战胜挑战，你就要相信自己能够面对困难、一定会比身边的人更优秀。

当你希望发展业务，想要避免挫折时，你要想想第四大支柱。切记，公司发生的一切责任都在于你。做到了这一点，你就能预测并解决那些你之前认为不在自己责任范围内的问题。

如果你因为恐惧而放弃增长，不敢承担财务风险，那么你要问自己是否还记得第五大支柱。你要知道自己拥有的究竟是未来百万富翁的富足心态，还是朝九晚五工作的通勤斗士的稀缺心态。

当你决定了工作的重点，但还是毫无进步时，回想一下第六大支柱。找到当前阻碍你进步的问题，然后先去解决它。不要让自己因为顾虑而分心，相反你要关注眼下的问题。

如果你养成了意淫成功的坏习惯，也就是说空有梦想却没有行动计划，那就想想第七大支柱。你要将自己的大目标分解成小目标，然后把这些小目标再分解成更小的目标，这样你现在就可以着手去做。

当你推进公司发展，想要找别人帮忙时，你可以回顾第八大支柱。重要的是你要记住，别人可以帮助你变得富有，为了达成财富目标，你需要说服别人（以正确的方式）把钱给你。

如果你赚钱很吃力，考虑一下第九大支柱。想想你是否把重点放在了低回报的行动上，想想过去究竟什么让你赚了钱，之后就要转变思维，只关注高回报的行动，剩下的事情让别人去做。

下次再和朋友出去玩，问问自己是否践行了第十大支柱。你交往的人是否能让你上进，激励你成功？还是，他们拖你后腿，让你一直是交通斗士的心态？

更重要的是，在运用这些支柱时，你要设法把它们变成生活的一部分，你必须采纳现在马上就可以使用的支柱，不管你处于哪个人生阶段，生意做到了什么地步。这就是第十一大支柱的内容：无论如何都下决心致富。

你可以在这一秒就下决定。不是明天，也不是下周。不是孩子离开家，也不是你退休的时候，更不是烦人的感冒好了之后。你要马上行动！

你可以立马采纳第十一大支柱，决心过上富足的生活。但是做了这个决定之后，你不能指望下周二就变成富人。你要每时每刻都想着这一支柱。在追求成功的道路上，会有一千零一种力量让你出尔反尔，违反对自己的承诺。

正因如此，你必须每天都坚定并提醒自己做的决定。没有侥幸心理，也没有明日复明日的妥协。你必须每时每刻都欣然接纳这一观点和思维。你做的每个决定、采取的每个行动都必须是为了实现变富的目标。你必须全盘接受这一信念。

一旦采纳这一支柱，你只要运用其他十大支柱，成功就是你的囊中之物，这和我说的一样简单。它绝不是概率、侥幸或者运气，只是做与不做的区别。

因此，我想给你最后一项练习。在后面的表格中，我希望你写下"我会成为富人"。

之后，在你对自己的承诺下面，我希望你签上名字和日期。这是你对自己的承诺和保证，你将永远也不会成为统计数值。你不会像其他人一样庸庸碌碌、壮志难酬。你向自己许诺要过上物质富裕、梦想成真的生活。

如果你不能兑现这一承诺，那就别作保证。我不需要你把自己的失败归罪于我或是这本书。但是如果你签下了那句誓言，并且坚信不疑，那么就勇往直前吧，快去行动。你可以撕下签过字的那页纸，然后用胶带、胶水或订书针固定到显眼的地方，比如洗手间的镜子、咖啡机或是配偶的额头，这样每天醒来都能看得到。每天早上读一下这个声明也很重要，这样你脑子想的第一件事就是这个承诺。

另外，如果有推特或是照片墙账号，你可以拍照片，然后 @AlexBeckerTech，加入话题"十大支柱"。我是认真的，快去做吧！这非常有效，因为你公开表明了要为自己负责。每当我想做出重大承诺时，我会公开消息，这样我就没法反悔，使自己难堪了。

我的誓言

姓名：　　　　　　　　　　　　　日期：

　　所有都归结到一点：做决定，做决定……以及做决定。我再怎么强调这一点也不为过。采纳本书中的思维模式可以让你赚到几百万，但除非你下定决心要成为富人，否则它们都没用。对所有白手起家的百万和千万富翁来说，他们决心要实现财务自由的那一刻至关重要。虽然不会立竿见影，但这个决定——这一时刻将永远改变他们的人生。

　　看完这本书之后，我想让你注意身边那些想发财的人，仔细听他们讲的话。听他们抱怨朝九晚五的工作，希望生活更精彩；听他们说时机成熟了就去创业；听他们因账单发愁，为下馆子而担心。这些人个个想实现财务自由，希望成为富人。实际上，几乎你认识的所有人都想成为有钱人。住在天桥底下的流浪汉想成为富人；你的家人想成为富人；你看完这本书后见到的那个人也想要成为富人。但是他们没有下决心成为富人。他们接受了紧巴巴的生活以及壮志难酬的人生。

　　所有人在一生中都会有那么几次特别想成为富人，但只有 1% 的人决定不惜一切代价变得富有。我希望这一刻，就是现在，成为你的时刻。你不受统计数据的影响。世上没有什么是你搞不定的，也没有什么是你得不到的。

世上所有的富人都有过这样的时刻，不管是他们想要得到更多，厌倦了自己的老板，还是不想再穷下去。所有的富人都有过你现在的经历。

你和他们唯一的区别就是这最后一大支柱。现在就做决定，下决心成为富人。如果你真的是立场坚定，那么风险也不足畏惧，行动也不会疲劳，挑战也并不艰巨。

你和现在的百万、千万富翁的差别在于，你有抢先的优势，原因是还没有开始前，你就看了这本书，掌握了书中的思维方式。读这本书会让你减少错误，缩短成功所需的时间（前提是你要采纳书中的观点）。因此，你要下决心变得富有，然后把世界留在身后。你要决定自己想过怎样的人生，希望成为什么样的人。你要决定自己值得拥有好的未来，这样才有可能梦想成真。

这是属于你的时刻。下决心成为富人，就是现在。

福利

"以正确的方式"创业

但愿你现在已经掌握了一些会提高你胜算的新思想。我在第一章中说过,行动决定着收入,而思想决定着行动。因此,如果想要致富,那么我们面临的最大但也是最必要的挑战是,改变我们的思想体系。

在本章,我暂且不谈思想,给你一些战术上的建议,告诉你该如何在商场上立足。不仅如此,我还想教你一些降低风险、提高收益的技巧。

注:我还制作了一些免费的商业入门视频,你可以在AlexBecker.org/go.上观看。只要输入本链接,你就能免费观看所有课程。

请记住,要解释清楚所有类型的企业以及如何创立它们,恐怕得写半打书才够。在这里,我只想传授给你一些能够现学现用的观点。

世上有成千上万种方式能让你发财。有些人选择创业;有些人选择投资股市;还有一些人选择上真人秀节目。不管你想做什么,只要你能将财富的这十一大支柱运用其中,那么你就能最终发财。

现在,我来讲讲如何创业。

了解三种类型的企业

下面是一个有趣（明显）的事实：世上的企业并非千篇一律。我并不是说，有些是杂货店，有些是吸尘器维修店这种区别。（真的有这种店吗？）我的意思是，它们创立、经营以及盈利的方式截然不同。企业包括三大类：

现金流企业

现金流企业是指那些间接费用很低，需要个人投入大量时间经营的企业。例如，你出售网络营销服务，手下没有员工，硬性成本几乎为零（基本上，你只需要为网站购买域名和虚拟主机就可以了），但是你要把大量时间花在找客户、提供服务上。因此，你有很高的利润率，通常能达到90%。

这类企业的问题是，凡事都要靠你张罗。销售、营销等全部工作都归你负责，这样你能得到的客户很有限。这意味着某一天你不可避免地会遇到瓶颈。另外，这类企业要是没了你，几乎是卖不出产品。（也就是说，在这类企业中，你无法做到时间和金钱分离。）

总结一下，这类企业的主要优势是：

高利润

零投资运营

它们的缺点是：

耗费时间

到了一定程度，很难再增长

注意：在某种情况下，现金流企业可以转化成高投资、可拓展的企业。我马上就会讲到这一点。

高投资、可拓展企业

高投资、可拓展企业是出现在新闻报道中的那些企业。它们是声名大噪、一夜暴富的应用软件或是大规模企业。成功经营这些企业的关键是，以正确的方式建立企业（雇用合适的员工，选择合适的地址，进入合适的市场等）。但是，要成立这类企业需要一大笔本钱。

成立一家软件公司就是一个例子。根据经营软件的不同，完成一个可销售版本需要一万到五十万不等。之后，营销和引流需要花费更多的钱。但是，这类企业的优势是，一旦成立后，企业就能轻而易举扩大规模。

对于软件企业来说，维护十名客户和维护一万名没多大区别，这一点和现金流企业有所不同。软件会自动运转，而你雇来设计软件的员工要增加，因为软件需要更多人维护。

因此，这类企业很容易扩大规模，而且只要体制没问题，公司价值就可能达到九位数。

原因是谁都可以经营这样的企业，你无须亲自上阵。比方说，如果你开发的社交应用程序一年能创造1200万美元，那么让脸书收购和整合你的软件就相对容易（实际上，他们之前就这样收购了图片墙）。

这类企业令人着迷的是，通常创始人甚至不用努力创造利润。亚马逊就是很好的例证。在刚开始经营的二十年间，亚马逊的利润为零，但是由于它的增长速度惊人，估值还是达到了数十亿。这类企业之所以能够这样，是因为它们有盈利的潜力。尽管在现实中它们还没有实现盈利，但是所有指标都说明亚马逊成了世界上最大的网络零售商。有趣的是，亚马逊在2015年黑色星期五的销售超过了其他所有企业，由此可见亚马逊的潜在价值并非浪得虚名。但是，要想做到那种程度，你需要投入超多的钱和时间。

因此，高投资、可拓展企业的优势是：

极易出手

能够实现自动化

容易累积巨额财富

缺点包括以下：

启动资金多

通常无法一个人经营

可能会亏损很多年

长期投资企业

长期投资企业需要大笔的启动资金，但几年之后，回报率能达到10%-20%，需要投入的时间少，风险小。比方说，如果你用一百万美元买下了一个年收入二十万的酒吧，只要酒吧持续经营下去，几年后你就会有20%的收益。这类企业通常经营实体业务，在短时间内不会消失，而且容易维护。我不知道该如何称赞是好，你可以把钱投入这些企业，然后稳拿收益。

对此最好的例子是房地产。如果你买了好多套房子，然后把它们都租出去，那么你会一直得到收益。此外，房子还可以保值，而且只要房地产价格稳定，你随时都可以变现。

这类企业投资金额大，原因是可以随时投入使用、风险低。相反，这些企业需要巨额投资，也不可能靠自己扩大规模。例如，你开一家酒吧只能赚这么多钱，扩大规模就要开第二家酒吧，所得的收入也很有限。而且酒吧营业之后，要过很多年你才能赚到钱。

总结来说，长期投资企业的优势是：

安全和持续的投资

容易立即投产，属于被动收入

经营几年后能有高回报率

只要维护得好，可以按原价值出售

劣势包括：

需要大笔的启动资金

回本周期长

几乎无法靠自己扩大规模

知道这些术语和定义有什么用？

让你了解这三类企业是因为，如果规划合理，你就能避免刚才我提到的劣势。但如果你抱着错误的想法和观念进了错误的行当，那么你就要面对一场攻坚战，最后还很有可能会失败。

每当有新人创立高投资、可拓展企业和长期投资企业时，他们通常输得很惨，因为他们不仅没有经营这类企业的经验，而且还必须承担巨大的财务风险。这就好比你生平第一次走钢丝，还脱掉了安全绳索。这种情况下，有人会成功吗？当然有……但这样的人很少。这是新人创立企业最安全的方式吗？当然不是。我并不是说，如果是高投资、可拓展业务，或是长期投资业务，你就该放弃自己坚信的梦想。我的意思是，你必须妥善地做出规划，这样你就能避免其他人犯过的错误。

如何用少的预算快速创业、实现盈利

如果你在看这本书，我假定你很不乐意用一辈子的积蓄去创业。而且如果你刚起步，老实说你很可能会失败。为什么呢？因为所有人都会失败。没错，知道了业内人的秘诀，你是占了很大优势，但是这并不意味着你首次尝试就能成功。这仅仅说明，比起那些没有看过这本书的人，你的成功会比他们更容易、更迅速。（我是不是太自以为是了？不是，我只是对自己的方法有信心。）

我第一次创业失败了，那没什么丢脸的。但是失败的滋味很不好受，尤其是当失败降临在你毫无准备的时候。因此，我要告诉你如何一边积累经验，一边降低风险、赚大钱，要做到这一点就得靠现金流业务。

做现金流业务是能让你赚钱的最简单方式。如果你有更大的目标，到时可以拿现金流业务的利润去投资一家高投资、可拓展企业。之后，等盈利之后，你可以再做长期投资业务，如果投资得好，几年后你什么事都不用做，就可以坐收 8-15% 的回报。

为了更好地理解这个问题，假设你卖掉公司赚到 1500万美元。然后，你买了一百五十套房子，每套的价格是 10万美元，这样每套房一年能收 1.5 万美元的房租，相当于年收益率 15%。只要房地产的价格平稳，你每年就能从投资的1500 万中获得 15% 的收益，也就是一年赚 225 万美元。此外，你也可以卖掉房子，拿回那 1500 万。这就是长期投资业务吃香的原因——你可以随时把钱投资出去，然后得到很多回报。

我们来逐步分析每个业务类型，看看如何组合它们发大财。

如何创办一家现金流企业

首先，除了上文提到的优点，现金流企业还能凭自身创造巨大的改变。我的很多朋友每年经营现金流业务能有 100万到 1000 万的收入。这类企业的问题是非常耗时，无法实现自动化。因此，它们几乎卖不出去。我的个人目标是有 1-5亿美金的身家，但如果靠现金流业务，这个目标几乎无法实现。若要实现这一目标，你就需要做高投资、可拓展的业务，这我接下来会讲。人各有志，如果你的目标和我不一样，你大可只做到这一步（只有一家现金流企业）。

在开始之前，我要先告诉你：做现金流业务最好是依托互联网。互联网市场如此广阔，很容易就能用小预算在任何一个缝隙市场创业，然后将其转化成高回报业务。我建议你考虑三个领域。

联盟营销

联盟营销是通过卖别人的产品，然后收取佣金。例如，如果我有一家点评吉他琴弦的网站，我可以给读者发送评价，让他们点击厂家给我的联属链接，购买我推荐的琴弦。再举一个例子，通过某种方式，我为一家经营痤疮产品的公司引去了客流。如果人们买了产品，这家公司就会付给我佣金。你只需要在销售之前，签署公司的联属项目，他们会给你一个你的联属链接，这样就可以追踪你的销售。

这种业务类型很棒，因为除了网站运营费以及可能会占用广告位之外，你不需要任何投资。你不需要创造产品或者安排配送。你只需要为产品引流，等客户购买就行。你就是一个中间人。

例如，之前提过很多次，我最初的一项业务是关于搜索引擎优化。简单说，我擅长让网站出现在搜索结果的最前面。所以，例如，有人谷歌"钢琴课"时，我推广的钢琴课信息就会出现在谷歌的第一页。这样我就能为钢琴课网站引去客流，这样该网站也会向我支付佣金。

做网络联盟营销的方式有很多种，搜索引擎优化只是其中的一种。有些人买广告，将顾客引到卖家的网站；有人买邮箱服务，将卖家的信息发给大家；有人利用博客、照片墙或是其他方式吸引粉丝和读者，然后将这些联盟产品推销给粉丝。

信息营销

如字面所说一样，信息营销就是出售信息。登录 JVZoo.com 和 ClickBank.com 这样的网站，你会看到有人通过解答各种类型的问题就能赚到数百万。教人约会、除粉刺、练六块腹肌、赚钱、救活植物，什么话题都有。我推荐你做这项业务是因为信息产品：

不需要投钱

创造信息产品最容易

通过在线下载就可以销售

此外，我假设你对某件事非常擅长，这件事可能是编织，可能是如何反抗欺凌，也可能是如何让金鱼活过一周。不管是什么，都可能有人愿意找你学习。你只要选中一个话题，写一本手册或者电子书解释这个话题，然后挂在 JVZoo 或 ClickBank 网站销售。

有关信息营销的话题，我说好几天都说不完，但是篇幅有限，我不能把所有知道的内容都写出来。如果你想做这件事，我强烈建议你阅读丹·肯尼迪（Dan Kennedy）写的《信息营销致富的官方指南》（*The Official Get Rich Guide To Info*）。

营销、咨询以及直销服务

在对现金流业务的三条建议中，我最推崇这一条。为什么？上面的两条建议需要你熟悉互联网的运行机制，并且要花费很多时间。但我经常看到有人基于直销，利用第三种方式很快就赚了钱。原因是，要想赚到钱，你只需说服他人掏腰包就行了。拿起电话推销产品不需要任何投资，而且这样做立马有回报。

什么是直销？直销就是直接向消费者和企业出售高利润率的产品。这是你的致命武器，因为做这件事你只需要学习销售，而且在销售出产品之前，你无需做任何投资。这样的例子有房地产销售、营销服务（为客户做搜索引擎优化或广告管理）、商务咨询等。

让我们假设，你决定做房地产销售。当然，你要先大致了解一下如何销售房产，等你擅长之后，无需投资你的月收入就能达到 2 万美元。做营销服务也是一样。我曾见过很多人学习搜索引擎优化，或者管理别人的付费广告，然后只要卖出去产品，一年就能赚几十万。当你为别人销售产品时，你可以向每位客户收取 1 千美金，这样不用找很多客户，你的年收入就能超过 10 万美金。

这就是为什么我要大费笔墨地告诉你学习销售最重要。针对大多数高端的服务，你可以外包其他工作，但唯独不能、也不应该外包销售。

我再次强烈建议你读丹·肯尼迪写的关于直销的书籍。看完这些书，你不仅可以学会如何直接向企业销售，还能学会如何向企业提供所售的服务。

做好失败和受累的准备，经受增长中的困难

在讲下文内容之前，我要跟你说句实话。创立和发展现金流企业会困难重重。很多时候你会犯错甚至失败。但幸运的是，即使失败了，你也不会有多大损失。如果你一开始就做高投资、可拓展企业或者长期投资企业，你可能也会失败，但两者的不同是，你损失的数目差距很大。如果你只是做现金流业务失败了，那么唯一的后果就是略微丢点面子，吸取些教训罢了（可能也就损失 100 块）。

你要做的是，在胜算不高的情况下，创立并发展你的企业，因而现金流企业是最好的选择。你的现金流企业会教你如何经营更大的企业，让你蜕变成一个坚强的商人，因为做生意你必须要彻底依靠自己。经过一两年的历练，你就能做到卖出任何产品。

你该辞掉工作创业吗？

读这本书的每个人，在过去的十年里，可能不止一次地想过这个问题，甚至每个月、每个星期都会想。我的回答是，这很大程度上取决于你目前的状况。如果你没什么存款，又有一大家子人要养活，那么你就应该像有担当的成年人一样，保住自己的工作，然后在凌晨或是深夜做你自己的业务。如果你单身又没有孩子，而且存款也够你支付账单，能每天好吃好喝坚持六个月的话，那就另当别论了。你可以辞掉工作，然后混一阵子；你也可以不辞职，同时发奋努力赚大笔的钱。我想要说的是，你没必要非得辞掉工作，如果辞职让你有压力或者焦虑的话，那你就不应该这样做。如果你既想保住现在的工作又创业的话，你只要每天比其他上班族多工作几个小时就行。

举个例子，还记得我曾经说过，我在一家营销机构工作过一段时间吗？我一边留在那里工作，一边做我的网络业务，当时我经营业务的收入甚至达到了全职的工资。给自己留条后路，省吃俭用并没有什么错。工作闲暇时，我会经营自己的业务；回家后，我也会经营自己的业务；周末所有的朋友都出去聚会，我还是在经营自己的业务。

实际上，当我的网络业务每月能赚2万美金的时候，我还是没有辞职，因为我喜欢谨慎行事。辞职之后，用了不到两个月的时候，我的收入就达到了5万美金，过了没多久，我每月的收入超过了10万美金。

你可以看出，不辞职的确影响了我的进度，但它却没有影响到我创业或者成功做业务。此外，保留一份工作可以让我有稳定的收入投资业务。而且有了这个经济保障，我就可以承担更多的财务风险。

因此，在创业的同时继续工作：（1）会拖后你的进度，（2）也需要你投入所有的休息时间。但是这样做也能：（1）给你安全保障，（2）让你能够承担财务风险。如果辞掉工作，你可能会更快达成目标，但是由于没有工资收入，你就更要独立支撑。在做决定之前，你要想清楚什么是你的当务之急，你要确保这个决定考虑了你自己和家人，不要因为别人的盲目建议就做决定。（实际上，千万不要因为别人的话就做决定。）

创造财富时遇到瓶颈怎么办?
(高投资、可拓展企业和长期投资企业)

凭借你的努力和商业头脑,大多数的现金流业务能轻松创造 1-500 万不等的年收益。等收入过百万,你就会遭遇瓶颈。到那时,你就需要作出决断:是继续做现金流业务,还是创立高投资、可拓展企业,又或是用现金流企业的收入支持长期投资业务?

你要知道,富一时和富一世有很大差别。如果你想靠现金流业务富一辈子,那么你就必须接受要为它劳碌一辈子的现实(因为没有人可以代替你经营企业,你也不能卖掉公司)。同时你还要明白,你的现金流公司不可能永续发展,原因是顾客的需求会改变,你工作的能力也会变化。因此,考虑其他退路也不失为一个好主意,比如将企业转型为高投资、可拓展企业,或者投资一家长期投资企业。

我认识很多人,他们每月能从现金流业务中赚几十万,而且也很愿意做一辈子。如果你的想法一样,那也很好。你找到了自己喜欢做的事,也找到了合适你的工作,这非常棒。我唯一的建议是,想办法让你的企业实现自动化,或者减少你亲自服务客户的时间。我还建议,你要设法提高服务收费,这是你增加收入的唯一方法,因为很可能企业还需要依靠你投入大量时间维系经营，而你的时间是很有限的。

此外，我强烈建议你用这些钱投资一家长期投资企业，这样几年后，你就能有10-15%的回报……但是我先不说这个，后文会讲到。

假设你想要成为超级富翁，比如有钱到丢了500万美元也不足挂齿。实现这一目标最简单的方式是，将你的现金流企业转型为高投资、可拓展企业，或是再成立一家长期投资企业。

将现金流企业转变为高投资、可拓展企业有时易如反掌，有时比登天还难。例如，我最早创立的一家企业完全是依赖于我。我就是品牌，客户想要找我买信息，而且也只接受我。因此，我真的无法让员工接手业务，替我创造产品。你也会遇到同样的问题，如果企业要全靠你自己。

创立高投资、可拓展企业的目的是，不管有十个还是一千个客户，企业会照样运转。如果操作得当，我们就能扩展业务，轻松突破百万的收入大关。

现在，我要告诉你，将现金流企业转变为高投资、可拓展企业的最简单方法是：克隆你自己。假设，你的业务是销售营销服务。你唯一要做的事情是，雇一名可以为你创造产品的员工。之后，等发展到一定阶段，你还需要雇人帮你销售服务。

　　我之前在这本书中提过，没有人能比你更善于销售你的产品，你永远都是自己产品和服务的最佳推销员。但是，如果你能把自己的技巧传授给聪明人（就像在《华尔街之狼》中乔丹·贝尔福特所做的那样），那么你就可以把销售交给别人去做，而且还能有不错的收益。最后，你的时间将用来指导员工和全力探索发展企业的方法。这就是你的终极目标，做到这个地步说明你已经成功了。

　　其中的例子包括，网页设计师成立了网络设计公司，或者房地产经纪人招募员工成立了一家事务所。明白其中的规律了吗？基本上，你只需要尽可能多地复制自己就可以了。

　　现在，假设你做不到或者不想这样做，假设这个现金流企业是你的宝贝，不管有什么理由你都不愿意发展它。但是，你每天做同样的事情，持续二十五年后，你终究会厌烦，想要成立一家新的企业。这意味着，你是时候利用这二十五年的经商所学，创立一家高投资、可拓展企业了。没错，即使你选择了这个方案，但我还是建议你在经营高投资、可拓展企业之前，先创立一家现金流企业，主要原因是现金流企业可以全资支持你新创立的的高投资、可拓展企业。

　　在成立高投资、可拓展企业之前，我鼓励你大胆去想。你的目标是获得几十万客户，因此不要挑一些小众市场。如果你想不出该怎么做，去趟沃尔玛超市、看看你的手机，或者登陆脸书页面。看看商店在卖什么产品，你的手机装了哪些应用程序，以及脸书上在推送哪些广告。在这些产品背后，通常都有一个人什么也不干，就能从上千万客户那里赚到几百万美金。

这些企业的问题是，它们通常需要大笔的启动资金。这是因为成立它们通常要耗费大量人力。例如，如果是创立一家蛋白粉公司，你需要雇一家企业研制配方，然后还要花很多钱生产产品（我之前说过，这么做至少要5万美金）。此外，你还要打广告、找仓储，还有一堆事情要花钱。

好在有之前的现金流企业，你可以轻松地做到这件事。你已经成功了，所以你不需要指着新公司立马赚钱（甚至有时你根本就不需要赚钱）。另一个好消息是，新公司一旦做成了，你付出同样的努力，就可以得到十倍于之前的收入，而且你还能以五倍甚至十倍于公司收入的价钱转让公司。

此外，你所做的事情还能影响到几十万人，这简直酷毙了。谁不愿意说"我是贝宝的首席执行官"或者"我是5小时能量（5-hour Energy）的创始人"。如果你问我，能这样说简直是一级棒。

另外，你要记住，想出售这类企业，你也无需做到盈利。有无数的企业卖出了几亿甚至几十亿的高价，但它们出售前也没有一分钱的盈利。这件事完全取决于公司的发展前景，或者它对哪些企业造成了威胁。

用现金流企业和高投资、可拓展企业的钱
成立长期投资企业

假设你出售公司赚了一亿美金。哇塞，这么一大笔钱，你该用来做什么呢？买车，买房，还是买私人飞机呢？

如果你的回答是"买，买，都要买"，那你就是个白痴。我来告诉你为什么。如果你花 1 亿美金买了一套房子和一架私人飞机，过上了"美好的生活"，那你知道会是什么结果吗？钱就永远没有了。当你花五十万买辆车的时候，这笔钱都永远回不来了；当你花了十万买了架私人飞机去欧洲旅行，这笔钱也就不见了。只有等你出售这些东西的时候，你才能将真金白银拿到手中。但是拥有这些东西不能给你带来任何收益。

现在，假设你没有买房子和飞机，你把所有的钱都投入了长期投资业务，几年后你会收到 10-15% 的收益。你知道这样做的结果又是什么吗？它在帮你赚钱的同时，还能保值……你的钱只不过放在了别的地方。你随时都可以变现拿回自己的投资。你知道自己得到了什么结果吗？钱生钱！

例如，我有一位身价超过五亿的朋友。他没有把钱都投给眼花缭乱的独角兽企业，而是把钱都投到了长期投资企

业。现在，我这位朋友什么也不做就能有五千万年收入。他又将 90% 的钱投给了更多的长期投资企业，"只"把其中的五百万美金留给自己消费。（顺便说一下，除非你极其草率或者有一项烧钱的爱好，比如买大厦，或者在自己家里铺满镶嵌钻石的壁纸，否则你一年很难花完五百万。）因此，我的朋友只要按照这种方法继续投资，十年后他就能成为亿万富翁。

这就是长期投资企业的魅力所在。

我想让你明白，如果之前没有现金流企业的积累，你很难创立一家长期投资企业。比方说，你想要花 100 万美金买一个酒吧，但是你没有来自现金流企业的资本，那你就要筹资，甚至贷款去买它。由于这个酒吧价值 100 万，你很可能会有 20 万的年收入，这意味着你要五年才能还清借款。

但是，如果你已经通过现金流业务赚了 500 万，那么用这些钱投资五家酒吧，合起来，一年轻轻松松就能有 100 万的收入。

以上要点就是我个人认为最明智的赚钱方法，既可以减少风险，也可以让你富裕一辈子。请记住，我提出的观点有很多例外情况，你也有很多其他的创业方式。实际上，大多数企业家也不会遵循我为你指出的道路。我也见过有人筹到大笔的钱创业，做应用程序或者开饭店。这么做不见得就是错误的，只是它要比我指的那条路更艰难。

我所见到的现实是，大多数做现金流业务的企业家会一直做现金流。大多数高投资、可拓展企业也会继续做高投资、可拓展业务。大多数长期投资企业也会一直做长期投资业务。在我看来，这是不对的。做高投资、可拓展业务的企业家可以通过其现金流业务获得资金支持。做现金流的企业家可以通过投资长期投资业务保持富有。世上有很多种方法能通过组合不同类型的业务，帮你赚到钱。

我希望，你能够牢记这些观念，然后在必要的时候加以运用。请记住，你的当务之急是相信自己可以成功，可以永远摆脱通勤斗士的思维方式。为了做到这一点，关键是你要采取行动。你可以采用我列出的计划，也可以对它嗤之以鼻，办一场义卖筹到一百万美金，然后拿着钱去开一家软件公司。究竟要怎样做，选择权在你手中。